中国时尚产业发展蓝皮书 2023

陈文晖 熊 兴 主 编
刘雅婷 王婧倩 副主编

THE BLUEBOOK ON THE DEVELOPMENT OF
FASHION INDUSTRY IN CHINA 2023

中国纺织出版社有限公司

图书在版编目（CIP）数据

中国时尚产业发展蓝皮书 . 2023 / 陈文晖，熊兴主编；刘雅婷，王婧倩副主编 . -- 北京：中国纺织出版社有限公司，2023.11
　　ISBN 978-7-5229-1230-1

Ⅰ . ①中… Ⅱ . ①陈… ②熊… ③刘… ④王… Ⅲ . ①轻工业—产业发展—研究报告—中国—2023 Ⅳ . ①F426.8

中国版本图书馆 CIP 数据核字（2023）第 232783 号

责任编辑：宗　静　　特约编辑：余莉花
责任校对：高　涵　　责任印制：王艳丽

中国纺织出版社有限公司出版发行
地址：北京市朝阳区百子湾东里 A407 号楼　邮政编码：100124
销售电话：010—67004422　传真：010—87155801
http://www.c-textilep.com
中国纺织出版社天猫旗舰店
官方微博 http://weibo.com/2119887771
北京华联印刷有限公司印刷　各地新华书店经销
2023 年 11 月第 1 版第 1 次印刷
开本：787×1092　1/16　印张：9.25
字数：168 千字　定价：298.00 元

凡购本书，如有缺页、倒页、脱页，由本社图书营销中心调换

《中国时尚产业发展蓝皮书2023》编写组

主编

陈文晖　熊　兴

副主编

刘雅婷　王婧倩

各专题撰稿人（按姓氏拼音排序）

陈文晖　李虹林　刘　慧　刘　颂
刘雅婷　刘玉玲　汝　刚　王婧倩
汪云兴　席　阳　熊　兴　郑治民

前　言

2023年是全面贯彻落实党的"二十大"精神的开局之年，是"十四五"规划承上启下的关键之年。在国际形势错综复杂、国内需求收缩、供给冲击、预期减弱等不利环境下，我国时尚产业坚持高质量发展理念，深度融入"双循环"新发展格局，不断推进产业体系建设，有效破解了国际产业格局调整带来的风险及困难，在新格局中开辟了新局面，为新格局贡献了新作为。

一、选题意义与背景

2022年，面临复杂的国内外发展环境，受益于国内外市场需求的恢复，中国时尚产业步入积极的发展轨道，但仍应对了产业链、供应链等领域存在的短板和压力。因此，深入分析服装服饰、珠宝首饰、化妆品、文化创意、消费电子、时尚传播等相关行业的运行状况，研究时尚产业发展存在的问题和战略举措，对我国时尚产业未来发展至关重要。

2023年，中国时尚产业呈现出多元化、高端化、品牌化、绿色化、智能化的发展特征，非遗创新、绿色可持续、时尚元宇宙、商贸跨界、知识产权等热点风起云涌，为本土时尚品牌价值赋能及中国经济社会发展做的贡献方兴未艾。

紧扣2023年，要求我们在面对纷繁复杂的外部环境时，要树立长远的发展观，把握行业的发展方向，积极开展科技创新、品牌建设、绿色低碳、数字化转型等方面的工作，以提升自身的核心竞争力和抗风险能力，实现高质量及可持续发展。

二、研究框架

本报告以"中国式现代化趋势与时尚产业发展"为主题，回顾了2021—2022年我国时尚产业发展取得的成绩与存在的问题，剖析了我国时尚产业细分领域的发展现状，从专题研究、区域创新、发展趋势三个维度提出未来我国时尚产业的发展方向与举措。报告共分为五篇，共十章。

第一篇为年度报告篇。综述2021—2022年我国时尚产业发展的总体态势，结合行业发展面临的机遇与挑战，剖析了七个细分行业的运行情况，从产品、产业、技术、品牌、国际化几个层面展望未来中国时尚产业的发展势态。

第二篇为主题报告篇。系统分析了中国式现代化的内涵与特征，细致梳理了中国式现代化进程对时尚产业强大的作用机理，明确提出中国式现代化进程中推动时尚产业高质量发展的新举措。

第三篇为专题研究篇。分别以弘扬中华文化、共同富裕、人类命运共同体为专题，重点分析中国式现代化语境下我国时尚及其相关行业的发展态势，进一步提出中国时尚产业在未来的发展路径与举措。

第四篇为区域创新篇。分别以北京、上海和深圳三个城市为研究样本，梳理各自时尚产业的发展经验，研究不同城市发展时尚产业的特色及经验，为三个城市实现时尚产业现代化、高质量发展提出具体思路与相关建议。

第五篇为发展趋势篇。结合我国时尚产业发展尤其是集聚升级现状，提出未来时尚产业与其他行业融合发展趋势以及发展重点。

三、创新与特色

本报告创新与特色主要体现在以下三个方面：

（一）紧扣中国式现代化的时代背景

人口规模巨大的现代化孕育出超大规模市场和巨大的时尚消费潜力。人口规模巨大的现代化是中国式现代化的"显著特征"。我国实现现代化必须克服人口众多、资源相对不足、环境承载力较弱、发展不平衡不充分等问题。虽然人口规模巨大为中国式现代化带来诸多挑战，但14亿多人口中存在4亿多中等收入群体，也可以形成一个超大规模市场。超大规模市场孕育着蓬勃创新活力，多样化的需求和个性化的消费，为时尚产业的新技术、新产业、新业态、新模式提供了丰富的应用场景。

人与自然和谐共生的中国式现代化是我国实现时尚产业可持续发展遵循的重要理念。中国式现代化必须坚持可持续发展，贯彻落实"绿水青山就是金山银山"理念，坚定不移走生产发展、生活富裕、生态良好的文明发展道路，像保护眼睛一样保护自然和生态环境。时尚产业的可持续发展与产品、生产制造过程、活动和行为者（决策者、品牌、消费者）紧密相关，不仅关注时尚产品（纺织品、服装、包袋、鞋履、配饰等），更关注时尚产业整个价值链中设计研发、生产制造、消费使用和回收各个环节的多方共同参与，包括消费者对于可持续时尚产品消费的理解与支持。

（二）立足时尚产业与其他行业融合发展的基础条件

消费端。在民族自信、Z世代崛起和女性觉醒等因素的影响下，中国消费者的时尚审美心理和消费习惯快速改变，购物心态从追求"吸引力"转向满足"悦己力"。越来越多的中国新锐品牌应运而生，蓬勃生长，中国品牌进入了品牌培育和塑造的黄金时期，正在不断登上国际时尚舞台。

市场端。随着消费者心态变化和我国时尚产业链体系的逐渐完善，行业竞争不断加剧，尤其是腰部企业面临头部企业优势和细分赛道小众品牌挤压。建立品牌内核，通过产品、渠道和运营能力赢得消费者的信赖，才能建立新的竞争优势。

政策端。中国正加快形成以国内大循环为主体、国内国际双循环相互促进的新发展格局。在内循环方面，时尚产业要以拉动内需和引导消费升级为导向，深入推进供给侧改革，满足多元化的市场需求，加强创新，拓展产业消费空间。在国际国内双循环方面，要促进时尚产品在国内外市场的顺畅流通，同时鼓励并推动从产品输出向技术带动、设计引领等的供应链输出转变，巩固全球纺织产业链的核心地位。

产业端。产业上游的供应链升级和各方面的技术革新为时尚产业带来新机会。新技术、新材料、新工艺的广泛应用和产业数字化、网络化、智能化等转型，大幅提高了产业效率，并孵化出AI个性化定制、共享制造等新形式。基于大数据的应用为时尚消费者提供了全渠道无缝衔接的体验，并使规模化的个性化需求满足成为可能。

（三）遵循商业模式创新与技术升级的发展趋势

"商品价值"和"可持续性"成为时尚消费的重要导向性因素。从产品开发上，时尚企业将更加注重细分场景结合细分功能，满足广大消费者实用主义与精致生活两者兼得的消费心理。从商业模式创新上，时尚产业将启用更加灵活多变的策略持续撬动年轻圈层，通过线上渠道与线下零售紧密结合，以直播、社交媒体等新兴平台搭建自己的私域流量。

时尚产业的数字化转型日益形成一种新的消费和生活方式。数字化时代正在推动人类的生产生活方式发生系统性变革，为时尚产业的创新发展提供了全新的视角和技术支撑，也催生了时尚产业的数字化转型。未来会有越来越多的时尚企业利用虚拟现实（VR）、增强现实（AR）等数字技术积极推进门店的数字化改造，增强消费者的体验性，快速消费、即时消费、高频消费等成为时尚消费的新特点。

时尚强国建设更加需要以科技为基本保障。《中国服装行业"十四五"发展指导意见和2035年远景目标》指出，到2035年，"我国服装科技创新水平位列世界一流行列，成为世界服装科技的主要驱动者"。为实现这一目标，时尚产业通过积极拥抱变革和创新，推进新材料、新工艺、高效传播方式等的创新研发和快速应用。时尚行业的从业者们日益意识到，科技创新是创造新思维、新模式、新场景和新渠道的驱动力，是产业升级的关键所在。

本报告力求对当前中国时尚产业发展进程进行全面剖析，推动中国时尚产业的高质量发展，探索未来中国时尚产业的发展道路，为人们全面认知中国时尚产业发展提供全方位观察视角，并希冀有一定的参考价值。

本报告由北京服装学院时尚研究院组织，在编委会统一指导下编写。撰写过程中得到北京服装学院、中国纺织工业联合会等有关部门的领导与同行的大力支持，特别是从架构设计到成文、完善、定稿全过程得到了北京服装学院相关院系和校领导的悉心指导和鼎力支持，也得到了兄弟单位诸多同仁的扶持和帮助，在此一并表示感谢！同时，我们也恳请广大读者提出宝贵意见，以利于后续报告的不断改进完善。

编者
2023年10月7日

目 录

第一篇 年度报告篇 / 1

第一章 2022年中国时尚产业发展综述与未来展望 / 2
一、2021—2022年中国时尚产业发展回顾 / 2
二、2021—2022年中国时尚产业细分市场发展情况 / 8
三、中国时尚产业发展的产业基础现状 / 17
四、中国时尚产业的未来趋势与展望 / 23

第二篇 主题报告篇 / 33

第二章 中国式现代化进程中推动时尚产业高质量发展的新思考 / 34
一、中国式现代化的五个特色 / 34
二、中国式现代化进程中对时尚产业作用的新认识 / 35
三、中国式现代化进程中时尚产业发展面临的新形势 / 38
四、中国式现代化进程中推动时尚产业高质量发展的新举措 / 40
参考文献 / 44

第三篇　专题研究篇　　/ 45

第三章　高质量发展与我国时尚产业发展　　/ 46
　　一、高质量发展的内涵及特征　　/ 46
　　二、高质量发展对我国时尚产业的影响　　/ 47
　　三、我国时尚产业的高质量发展内涵　　/ 50
　　四、我国时尚产业的高质量发展路径　　/ 51
　　参考文献　　/ 54

第四章　弘扬优秀传统文化与我国时尚产业发展研究　　/ 55
　　一、传统文化与服饰文化的关系探究　　/ 55
　　二、优秀传统文化对我国服饰文化发展的影响　　/ 56
　　三、优秀传统文化对于现代时尚产业发展的重要意义　　/ 56
　　四、我国传统文化与时尚产业融合发展现状　　/ 57
　　五、促进优秀传统文化与我国时尚产业融合发展建议　　/ 59
　　参考文献　　/ 62

第五章　共同富裕与我国时尚产业发展　　/ 63
　　一、共同富裕的内涵及特征　　/ 63
　　二、共同富裕对我国时尚产业发展的影响　　/ 67
　　三、案例分析：非遗传承有创新，融合发展促共富的地方实践
　　　　——浙江非遗传承助力共同富裕　　/ 70
　　四、非遗时尚助力共同富裕的发展路径与建议　　/ 74
　　参考文献　　/ 76

第六章　人类命运共同体与中国时尚产业　　/ 77
　　一、中国时尚产业国际化发展成效　　/ 77
　　二、提升时尚产业国际竞争力存在的问题　　/ 79
　　三、人类命运共同体建设背景下我国时尚产业发展的对策建议　　/ 80
　　参考文献　　/ 82

第四篇　区域创新篇　　/ 83

第七章　北京：传统文化与时尚产业发展　　/ 84
　　一、优秀传统文化的内涵与特征　　/ 84
　　二、北京传统文化与时尚产业融合发展的意义　　/ 85
　　三、北京传统文化与时尚产业融合发展现状　　/ 87

四、北京传统文化与时尚产业融合发展路径　　　　　　　　　　　／ 89
　　参考文献　　　　　　　　　　　　　　　　　　　　　　　　　／ 91

第八章　深圳：加快建设全球时尚之都　　　　　　　　　　　　　　／ 92
　　一、新时期深圳建设全球时尚之都的战略选择　　　　　　　　　／ 92
　　二、发展时尚经济助力时尚之都建设的基础条件　　　　　　　　／ 94
　　三、进一步促进深圳时尚产业发展的建议　　　　　　　　　　　／ 102
　　参考文献　　　　　　　　　　　　　　　　　　　　　　　　　／ 104

第九章　上海：时尚产业创新发展　　　　　　　　　　　　　　　　／ 105
　　一、产业创新对上海时尚产业的影响　　　　　　　　　　　　　／ 105
　　二、上海时尚产业创新发展的机遇　　　　　　　　　　　　　　／ 109
　　三、上海时尚产业创新发展路径　　　　　　　　　　　　　　　／ 114
　　四、上海时尚产业创新的政策措施　　　　　　　　　　　　　　／ 118
　　参考文献　　　　　　　　　　　　　　　　　　　　　　　　　／ 120

第五篇　发展趋势篇　　　　　　　　　　　　　　　　　　　　　／ 121

第十章　产业聚集升级与我国时尚产业发展趋势　　　　　　　　　　／ 122
　　一、产业聚集升级的成因、表现以及对我国时尚产业的影响　　　／ 123
　　二、我国时尚产业聚集升级的发展历程　　　　　　　　　　　　／ 126
　　三、我国时尚产业聚集升级的SWOT分析　　　　　　　　　　　／ 128
　　四、我国时尚产业聚集升级的对策建议　　　　　　　　　　　　／ 132
　　参考文献　　　　　　　　　　　　　　　　　　　　　　　　　／ 135

第一篇
年度报告篇

第一章 2022年中国时尚产业发展综述与未来展望

回首2022年,世界之变、时代之变、历史之变以前所未有的方式展开。在需求收缩、供给冲击、预期转弱三重压力下,叠加科技创新、消费回暖、发展转型等因素,时尚产业以前所未有的韧性和活力实现了高质量发展。

一、2021—2022年中国时尚产业发展回顾

2022年,极不平凡的一年。疫情散发多发、国际地缘政治波动、全球主要经济体货币政策转向、极端高温天气等多重超预期因素反复冲击,发展环境的复杂性、严峻性、不确定性上升,叠加粮食、能源、债务等问题。面对这样特殊的环境,我国时尚产业新品牌、新模式和新渠道不断涌现,多点发力,坚韧前行。

(一)产业结构更加细分和多元

当下,中国时尚产业正在经历新一轮发展,新品牌、新模式和新渠道不断改写着市场竞争格局。随着需求端的消费者日趋成熟且需求多样化,供给端的市场竞争白热化,头部品牌和新型垂类新秀层出不穷,渠道、供应链模式快速升级。

1. 露营经济热度持续攀升

在消费升级的大趋势下,居民消费理念逐步改变,生活方式日渐丰富,我国涌现出一大批新兴消费品类。其中,露营作为一项新型运动逐渐进入大众视野,满足了人们户外休闲的需求。随着露营成为越来越多民众的日常户外休闲选择,露营行业的热度持续攀升,市场规模增长迅速,市场空间非常广阔。根据艾媒咨询,2022年我国露营经济核心市场规模达到1134.7亿元,同比增长51.8%。2025年将达到2483.2亿元,未来3年复合增长率将达29.8%(图1-1)❶。露营旅游的火热带动了户外用品的消费需求,与此同时也开始影响人们对于穿搭的选择——"露营风穿搭""松弛感"开始成为人们的时尚关键词。各类户外服饰都开始变成人们日常穿搭的选择,"山系穿搭""城市户外潮"等穿搭风格兴起。

---

❶ 艾媒咨询,2023年中国露营经济市场运行监测报告。

图1-1　2014—2025年中国露营经济核心市场与带动市场规模及预测

数据来源：艾媒数据中心

2. 冬奥掀起冰雪赛道热潮

自2022年2月北京冬季奥运会举办后，在官方推进和奥运热潮带动下，中国各地的冰雪运动氛围日渐浓郁。根据中国旅游研究院数据，2021—2022年冰雪季，我国冰雪休闲旅游人次达到3.44亿，是2016—2017年冰雪季1.7亿人次的2倍多（图1-2）。预计2024—2025年冰雪季我国冰雪休闲旅游人次将达到5.2亿人次。从滑雪运动来看，2021/2022年雪季，国内滑雪场滑雪人次为2154万人，同比增长3.76%，较2019/2020年雪季滑雪人次增长超过一倍。冰雪项目参与人次的提升，有效带动了包括滑雪服、滑雪鞋等在内的冰雪项目装备市场的增长。2021年，国内滑雪装备市场规模137.5亿元，同比增长8.4%，2016—2021年复合增长率为15.1%[1]。

同时，各大奢侈品牌纷纷开始发力冰雪赛道。仅仅在2021年一年内，不少时尚品牌争先推出自己的"滑雪线"产品，后者也成为品牌冬季的"流量密码"所在。从香奈儿（CHANEL）、迪奥（DIOR）、路易威登（LOUIS VUITTON）、普拉达（PRADA）到汤丽柏琦（TORY BURCH）、蔻驰（COACH），大部分在市场见到的奢侈品牌或轻奢品牌都入局了。除了相关冰雪运动装备外，KAWS在长白山竖起巨型雪雕、芬迪咖啡（FENDI CAFFE）在长白山开设品牌快闪空间与芬迪咖啡限时咖啡店、博柏利（Burberry）则在松花湖开设快闪店……时尚品牌的冰雪之战已在国内的滑雪胜地进入白热化阶段。

---

[1] 首创证券.服饰行业深度报告：毛纺行业集中度逐步提升，龙头盈利能力优势显著.2023-7-3.

图 1-2　我国冰雪旅游人次变化

数据来源：中国体育旅游研究中心，首创证券

3.童装市场快速增长

随着我国全面二孩政策的放开、居民收入逐渐增长以及消费的升级，童装这一细分行业迎来了巨大的市场空间。虽然童装市场起步较晚，但是正处于成长阶段，市场需求增长迅速、成长空间较大，近年来市场规模一直保持持续扩大。2022年童装市场的快速增长尤为亮眼，规模达到2802亿元❶，已经成为服装行业发展的一个新兴增长领域（图1-3）。随着消费观念的成熟，消费者对品牌的敏感度将逐步提高，对价格的敏感度将下降。儿童市场的逐步成熟，竞争也将从产品、价格、营销手段向技术研发、品牌服务等多维度延伸。

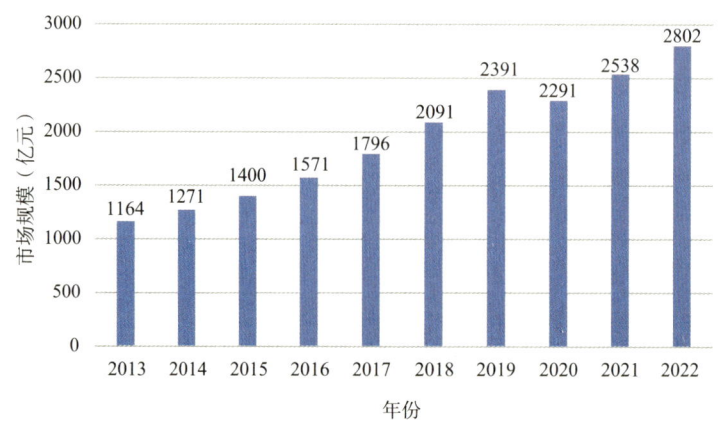

图 1-3　2013—2022年我国童装市场规模现状

数据来源：观研报告网

---

❶ 观研报告网.中国童装行业发展现状分析与投资前景研究报告（2023—2030年）.2023-5-16.

（二）科技创新持续颠覆时尚产业

1.时尚元宇宙颠覆时尚视界

2022年，"元宇宙"概念火热。一是寻找数字代理人。e.l.f.彩妆宣布虚拟歌手哈酱成为其跨次元潮妆主理人，并发起"AI漫游妆"话题，开启跨次元潮妆企划。自然堂、魅可MAC、水之密语、CODEMINT纨素之肤等多家品牌携手数字虚拟人AYAYI，为元宇宙美妆发声。二是打造自己的品牌虚拟人物，如花西子推出品牌虚拟代言人"花西子"，欧莱雅打造的"M姐""欧爷"等。三是推出虚拟服饰品牌。围绕虚拟角色所打造的虚拟物品已经出现，且其价值正在不断被推高。虚拟服饰品牌METACHI、LIV IN OASIS等虚拟服装进入市场。四是出现专注虚拟时尚的独立平台和品牌。如Mo、DressX、Tribute Brand、RTFKT等品牌，通过和时尚品牌、设计师以及科技公司合作，挖掘虚拟服装的更多可能。五是打造虚拟时尚秀场。"虚拟时尚"不断进入大众视野，虚拟秀场颠覆原有时尚视界，2022 CFW"破次元SHOW"虚拟秀成为国内首个时尚元宇宙大秀。大秀在国内首次实现了集虚拟秀场发布、虚拟服饰展示、数字藏品售卖、实体虚拟同步营销转化为一体的"时尚元宇宙"闭环新生态。

2.功能性服饰迎来爆发

新型冠状病毒感染疫情的肆虐让消费者开始意识到强身健体的重要性，多元化运动应运而生，从室内的瑜伽、健身操，到室外的飞盘、骑行，人们的运动场景不断翻新。多样化的运动场景加之露营的火热，让具有吸湿排汗、温控、除异味、耐磨、防泼水等兼具科技性和功能性的服装在2022年大放异彩，成为2022服装领域的最大赢家。例如，靠防晒伞起家的蕉下，大刀阔斧地扩张产品线，从传统的防晒品延伸到更广阔的鞋服领域，专为具备休闲社交属性的非竞技运动及户外活动场景设计，包括城市生活、休闲运动、旅行度假、踏青远足、精致露营等。如今，蕉下曾经的支柱性产品伞具只占营收的11.8%，服饰则一路走高，占比超过三成。2022年上半年，服饰营收同比增长156%。

3.化妆品进入科学驱动时代

2022年，化妆品行业聚焦硬实力，科技研发成为主色调。国内外化妆品品牌掀起研发潮。国外品牌方面，德国拜尔斯道夫在上海落地全球第二大创新研究中心；日本资生堂在中国开设聚焦中国市场最新趋势、研发前沿化妆品技术的第三家研发机构；欧莱雅中国建立首个世界500强外资企业与中国院士团队共建的"院士专家工作站"；宝洁成立专注于数字变革的宝洁科技创新公司。国内化妆品品牌也积极发力科研，花皙蔻与牡丹护肤科学研究中心、北京市植物资源研究开发重点实验室合作，同时联合天然原料供应商Givaudan（奇华顿）建立了奇华顿创美中心花皙蔻创新研究院；上美集团在海外组建自己的科研团队，建立工厂，钻研纯净美妆；云南白药旗下药植护肤品牌采之汲联合14所高校与科研院所，成立"药用植物研究实验室"；环亚、珀莱雅、水羊股份、丸美等化妆品品牌纷纷向硕博科研人才投出橄榄枝，设立首席科学家职位，化妆品行业进入科学驱动时代。

4.数字技术促进人们生活方式调整

在数字技术的发展推动下，人们时尚消费的群体、需求、动机、行为都呈现出持续变化。我国时尚产业设计端的科技赋能，有助于把握消费者需求多样化、消费动机复杂化、消费行为理性化的趋势。时尚设计的科技赋能一方面是优化设计过程和方法，另一方面是借助科技手段与消费者建立紧密的联结。传统的时尚产品设计制作，需要经过"设计→打板→制作样品→样品修改→订货会→大货制作"的过程，产品的最终呈现通常要经过两个多月的时间。数字化技术对于时尚产品设计端的优化，在大大降低时间成本的同时，也大幅提高了设计质量。如巴黎世家等品牌寻求与国际知名3D艺术家合作，推出时尚产品的3D模型，为品牌节省制作时间成本和物质成本，也融入了更加多元化的设计理念。在产品设计环节借助信息平台增加消费者反馈环节，有助于产品贴近消费需求实现精准化设计。通过3D建模技术将立体产品放到信息平台上，消费者可以全面了解产品设计的构造和理念。设计师可以在网络上测试消费者对于新颖的设计款式和设计风格的接受度，在了解市场反应后再投入制作，不仅节省了成本，提高了效率，降低了风险，也让时尚产业拥有了更加广阔的消费群体。

（三）绿色环保观念重塑时尚产业链条

环境和社会问题是所有类型行业的头等大事，消费品行业也不例外。一方面来自消费者，另一方面来自监管机构的压力。这些正在重塑消费品市场，并从根本上改变游戏规则。时尚产业的绿色环保已经成为近些年来大家高度关注的话题。由于时尚产业是全球前三大耗能与污染产业之一，产业温室气体排放预计约占全球4%～10%，因此，产业面对着重大的转型挑战。

随着我国碳中和碳达峰目标的制定、《纺织行业"十四五"发展纲要》以及全国碳交易市场的建立等，时尚圈也对于时尚产业提出了严格的绿色环保要求，不仅需要关注时尚设计、生产、销售、回收等各个环节的环境污染，以及探索绿色环保材质的使用，更包括劳工待遇、动物福利等内容，甚至更有整套具体而细致的行业标准，涉及零浪费秀场搭建、零销毁未出售商品等众多方面。在绿色环保观念下，时尚产业推进了整个产业链条的重塑。在材料生产方面，注重测量温室气体排放的情况，最大限度地提高材料效率，将绿色环保材料规模化生产；纱线和面料生产时，最大限度地提高能源效率，转向100%的可再生能源电力；纺织品生产过程中，减少生产过剩，改进包装；零售与分销过程中，使零售商的运营去碳化，增加使用循环商业模式；材料报废时，减少洗涤和烘干的使用频率，延长产品生命周期的时间。同时，科技能够提升时尚产品原材料的可降解性。如2017年Vegea发布的时装系列，开始应用植物基、生物合成面料代替动物皮革面料，其中的一款皮革产品由酸葡萄酒剩下的葡萄皮、葡萄茎梗与葡萄籽等酒渣制成。意大利每年都会产生约700万吨酒渣废料，这些废料被再造为低碳的替代性时尚产品原材料，并且不含任何有害的化学物质。时尚品牌Ferragamo（菲拉格慕）通过回收柑橘榨汁剩余的果皮，制成创新面料"柑橘纤维"并应用于产品生产，也成为时尚产品原材料的科技应用典范。在产品原材料开发方面，我国时尚产品生产应加强研发创新，实现科技与时尚的结合。

时尚产业生产端的企业需要深入加强与高校及科研机构的合作。一方面，合作研发如棉、麻、竹等植物纤维，羊毛、桑蚕丝等动物纤维可持续原材料，以及近年来研发出的聚乳酸纤维等生物可降解材料；另一方面，提高原材料的质量，开发先进的技术增强产品的固色能力、抗菌抗污能力和强度，解决时尚产品易变形、变色等问题，提升时尚产品的功能性和耐用性，让时尚产品既有时尚元素，也能满足生活的基本需要。

（四）国潮品牌开始走出国门

在国家对传承和弘扬传统文化的大力支持下，国潮兴起，传统和新兴国货品牌不断蓄力并闪光。隐形眼镜品牌海俪恩将《诗经》写进美瞳产品；八马茶业携手《国家宝藏》IP推出联名款茶礼；花西子提炼发布"细长眉、眼下彩、点朱唇"现代中国妆要素；毛戈平与故宫博物院联名推出多款彩妆产品等，越来越多的国货品牌深耕文化内核，焕发出新的生机，带动新消费潮流。通过产品的不断创新，国货品牌成为新消费的宠儿，并走出国门，打开海外市场。根据弗若斯特沙利文数据，中国跨境出口B2C电商服饰及鞋履行业的市场规模由2017年的1609亿元增加至2021年的7503亿元，2017—2021年的复合年增长率为38.4%，预计2022年规模达9321亿元。巨大的市场规模下，跑出了SHEIN（希音）等全球知名的时尚品牌。如今，从做婚纱业务起家的SHEIN（希音）已经成为主打快时尚性价比女装的跨境电商品牌，曾创下连续六年实现100%的同比增长，业务横跨224个国家和地区，估值已突破1000亿美元，是全球第三大独角兽公司，仅次于字节跳动和SpaceX，被称为"中国版ZARA"。除了上述正向海外市场伸出触角的时尚品牌，一些公司从最开始就选择避开了国内市场的厮杀，转而瞄准广阔的海外市场。他们起家的过程也很类似，依托中国供应链优势，在海外电商刚刚兴起之时入局，随着时代的发展逐步成长。以2022年上市的子不语为例。成立于2011年的子不语从淘宝女装店铺起家，在敏锐察觉到国内的电商和供应链优势之时，于2014年投身跨境电商蓝海，开始在亚马逊上经营店铺。据弗若斯特沙利文报告称，按2021年的GMV计算，子不语在中国跨境出口B2C电商服饰及鞋履市场的所有平台卖家当中排名第三，市场份额为0.4%。数据显示，2019—2021年，子不语分别实现营收14.3亿元、19.0亿元、23.5亿元，利润分别为0.8亿元、1.1亿元、2.0亿元，增长较为稳定（图1-4）。

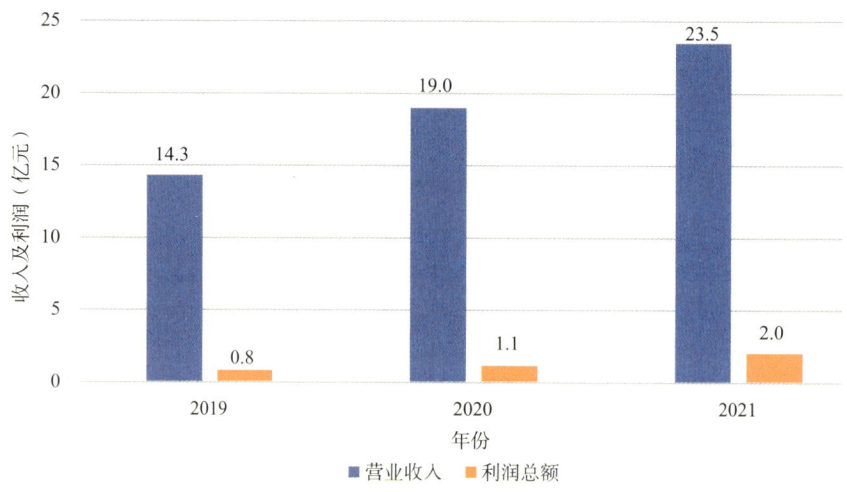

图1-4　2019—2021年子不语营业收入及利润总额
数据来源：中国服装协会

除此之外，花西子、完美日记、ZEESEA滋色等美妆品牌海外销售成绩亮眼；真丝品牌Lilysilk、内衣品牌内外、羽绒服品牌波司登等通过谷歌、Facebook、Instagram、YouTube等平台营销及自身品牌建设实现流量、转化、品牌三增长，在国际市场占据一席之地。

二、2021—2022年中国时尚产业细分市场发展情况

（一）服装服饰产业发展现状
1.行业再次出现失速

新型冠状病毒感染疫情使得服装服饰产业的发展承受了较大的压力，经历了2021年的短暂回暖后，服装服饰行业规模再次出现了失速。根据国家统计局的相关数据，2022年，我国限额以上单位服装类商品零售额为9222.6亿元（图1-5）。2022年，我国人均衣着消费额为1365元，同比下降3.8%，占人均消费支出的5.6%。其中，因消费者外出场合减少，社交需求降低，女装增速回落幅度较大。随着我国居民消费理念的逐步转变，人们越来越提倡健康、自然的生活方式，重视低碳环保，户外运动意识逐步增强。因此，服装服饰产业的消费需求也在不断调整，我国服装服饰产业逐渐向年轻化、个性化、国际化方向发展，服装服饰企业的生产方式、商

业模式等正在发生深刻变革，数字化、线上化均成为多数企业的重要转型方向，并加快战略布局和调整。2022年，服装行业出口额为1754.3亿美元，同比增长3.2%。

图1-5　2018—2022年我国限额以上单位服装类商品零售规模
数据来源：国家统计局

2. 出口质量稳步提升

由于全球形势发生重大变化以及战争的因素，世界进入复杂动荡的新变革期。国际政治风险的进一步加剧，使国际能源供应、粮食危机等外溢影响不断显现。各主要经济体受全球通胀扰动，经济复苏进程放缓。面对复杂严峻的外部形势，我国外贸进出口顶住重重压力，质量稳步提升，规模再上新台阶。2022年，全国货物进出口总值超过42万亿元，同比增长7.7%，为我国经济稳健发展提供了坚强有力支撑。在这种宏观背景下，我国纺织服装行业直面外需走弱、成本上升等压力挑战，2022年纺织品服装进出口贸易总额实现3460亿美元，同比增长0.9%，稳中有进，持续显现发展韧性与抗风险能力。其中，全年纺织品服装出口3236亿美元，同比增长2.7%，在较高基数水平上再创历史新高；进口224亿美元，同比下降19.1%；行业创造贸易顺差3011亿美元，同比扩大4.8%，占全国货物贸易顺差比重的34%（图1-6）。

3. 消费结构出现的最新趋势

在网购用户规模不断扩大、网上消费行为日渐成熟、网上零售模式持续创新等多因素的推动下，线上消费持续成为服装消费的主流渠道，2022年，"穿"类商品网上零售额同比增长3.5%，增速虽然较2021年放缓4.8个百分点，但仍保持正增长。其中直播成为服饰消费的主要突破口，相关数据显示，服饰作为短视频和直播电商转化消费的主要类型，占比高达46%。从消费类型来看，户外、运动品牌服饰消费实现较快增长，从传统的体育运动升级到马拉松、滑雪、户外等更加多元化、更加专业化的运动项目，更加注重细分场景结合细分功能，满足广大消费者实用主

9

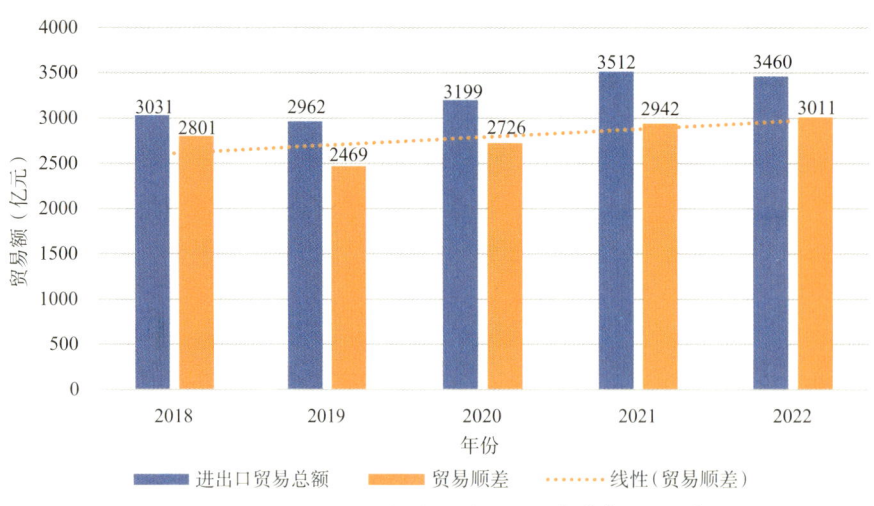

图 1-6　2018—2022 年我国纺织品服装进出口贸易额

数据来源：中国纺织工业联合会、中国纺织品进出口商会

义与精致生活两者兼得的消费心理。从消费年龄来看，需求日趋多元，加速消费市场细分。"Z世代"、新中产、银发族等各消费群体消费倾向与消费理念更多元："Z世代"年轻群体注重个性化、国潮化消费；新中产追求质感消费；银发族侧重健康化。据调研，选择服饰时，60%的人群更关注"实用性"，54%的人群关注"悦己感"，43%的人群关注"性价比"。悦己消费观下，服饰购买决策的关注点TOP3分别是"穿着舒适感""场景仪式感"和"质感品位"。

（二）纺织产业发展现状

1. 纺织产业运行承受较大压力

纺织产业作为我国国民经济的重要支柱产业，是一个劳动密集程度和对外依存度较高的产业。2022年，国内外市场持续低迷，纺织行业运行承受压力，行业景气指数在收缩区间内波动。据中国纺织工业联合会调查数据，2022年1季度、2季度、3季度、4季度纺织行业景气指数分别为42.6、46.3、44.3、47.0，均在荣枯线以下（图1-7）。

2. 盈利压力持续加大

2022年，规模以上纺织业、化学纤维制造业增加值增速分别为-2.7%、1.1%，整体行业生产下降。主要产品纱、布、化学纤维、合成纤维产量分别为2719.1万吨、467.5亿米、6697.8万吨、6154.9万吨，比上年分别下降5.4%、6.9%、0.2%、0.9%。从对内销售来看，2022年受收入增长放缓等因素影响，全国限额以上单位服装、鞋帽、针纺织品类零售额为13003亿元，比上年下降6.5%，线上穿类零售比上年增长3.5%。从对外出口来看，2022年纺织原材料出口额约39.1亿美元，同比增长31.4%；

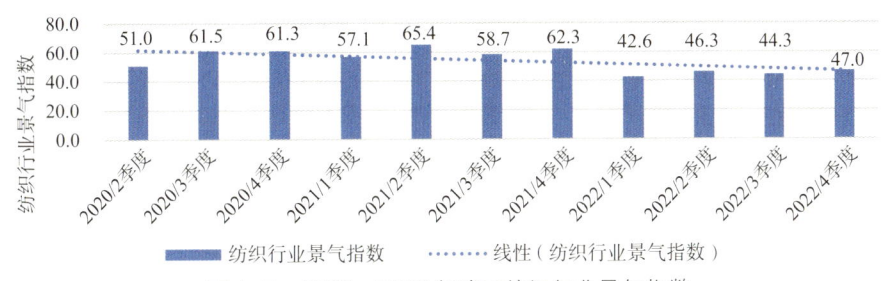

图 1-7　2020—2022 年我国纺织行业景气指数
数据来源：历年《中国纺织行业经济运行报告》

纺织纱线、织物及其制品出口额约1479.5亿美元，同比增长2.0%❶。在"高成本、低需求"供需两端压力下，纺织业营业收入减少，利润下降。2022年，全国规模以上纺织企业实现营业收入52564亿元，利润总额2067亿元（图1-8）。其中，化学纤维制造业营业收入增长放缓，利润总额均不同程度下降，纺织业和化学纤维制造业利润总额分别下降17.8%和62.2%，化纤制造业下降明显。

图 1-8　2018—2022 年我国规模以上纺织企业营收情况
数据来源：历年《中国纺织行业经济运行报告》

3.绿色环保逐渐成为纺织行业的重要趋势

全球气候治理形势紧迫性凸显，对国际经济及产业体系形成重要影响，绿色发展不仅成为国际纺织供应链采购决策和布局调整的现实影响因素，也将是纺织产业国际竞争力和话语权的重要来源。"双碳"战略下，对纺织行业绿色发展形成刚性要求。在

---

❶ 数据来源于中国海关。

2022年6月11日发布的《纺织行业"十四五"发展纲要》中，明确提出"十四五"末，纺织行业的能耗和排放目标，绿色产品产量要求等，可以预计在行业产能优化、政策指导等因素催化下，绿色环保将是我国纺织行业未来发展需要关注的重点因素之一。

（三）珠宝首饰产业发展现状

1.行业实现了平稳发展

面对2022年的多重不利因素，珠宝首饰产业顶住了压力，全行业实现了平稳发展。根据中国珠宝玉石首饰行业协会发布的《2022年中国珠宝行业发展报告》，2022年中国珠宝首饰市场销售额约为7190亿元，同比增长为-0.1%（图1-9），整体保持稳定，为未来几年的持续增长积蓄了更充足动能。其中，按细分行业来看，规模以上金银珠宝类企业销售额为3014亿元，同比增长-1.1%，但零售总额依然保持在3000亿元以上的相对高位。根据上市公司的数据披露，截至2022年底，A股、新三板、港股珠宝类上市公司分别达到15家，7家和3家，大部分企业的营收和净利润已经恢复到新型冠状病毒感染疫情之前水平。2022年，我国珠宝行业有关的外观设计、发明和实用新型三种类别的有效专利总数突破1万件，达到11202件，较2021年同比增长20%。行业加快向创新驱动转型。

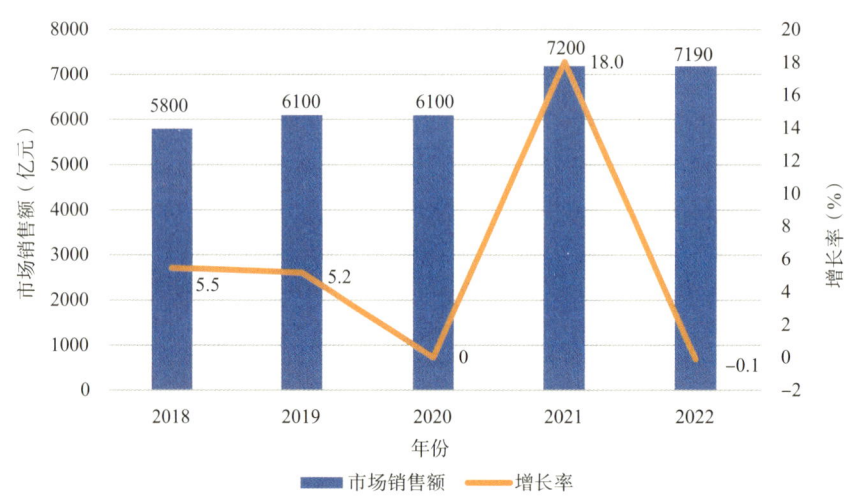

图1-9　2018—2022年我国珠宝首饰产业市场销售额情况

数据来源：中国珠宝首饰行业协会

2.珠宝行业国际贸易的优势和地位比较牢固

珠宝行业国际贸易持续活跃。根据海关总署的数据显示，2022年，我国珠宝行业进出口总额为1338亿美元，同比增长25.3%。其中，出口总额为301亿美元，同比增长2.7%；进口总额为1037亿美元，同比增幅为33.9%。在出口的珠宝饰品中，镶嵌类首饰继续保持出口的优势地位，镶钻黄金首饰占25%，镶钻铂金首饰占4%，镶钻银首饰占1%。在出口的目的地中，以亚太及美欧国家为主，美国占34%，新加坡占8%，马来西亚占7%，澳大利亚占5%❶。我国珠宝行业的进出口在2021年实现由负转正且高增长的基础上，2022年依旧保持着进出两旺的强劲势头，这表明我国珠宝行业在国际供应链上的优势和地位依旧比较牢固。

3.珠宝首饰主要品类销售出现一定程度下滑

根据中国珠宝玉石首饰行业协会提供的相关数据，2022年珠宝首饰的主要品类销售均出现一定程度下滑：其中，据中宝协统计，黄金市场规模约为4100亿元，同比下降2.4%；钻石品类市场规模约为820亿元，同比下降18%；玉石市场规模约为1470亿元，同比增长15%；彩色宝石产品市场规模约为280亿元，同比下降约11%；珍珠产品市场规模约为240亿元，同比增长50%；铂金市场，全球铂金首饰需求同比下降3%，为58.9吨，跌至过去10年的最低水平；白银市场消费量较2021年增长3%，达到8254吨，但银饰制品市场规模较上年却有所下降。

（四）化妆品产业发展现状

1.行业规模出现一定下滑

随着中国经济持续快速增长以及居民消费水平不断提高，化妆品行业迅速发展，"美丽经济"获得了越来越多的关注。如今，国内国际化妆品消费理念日趋增强，化妆品市场规模日益扩大，已经成为拉动经济增长的重要引擎。相关资料显示，2022年，我国化妆品商品零售额达到3936亿元，同比增长-2.2%（图1-10）。

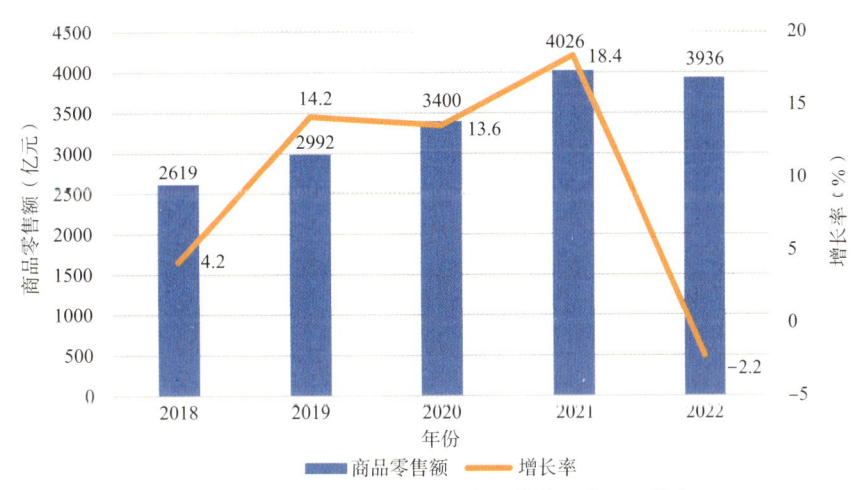

图1-10　2018—2022年我国化妆品商品零售额

数据来源：国家统计局

---

❶ 引自《2023全球饰品行业消费趋势报告》。

2. 化妆品高端市场增速较快

我国化妆品市场以大众市场为主，但高端市场增长更快并且占比不断提升。而在人们肤质和传统文化习惯相近、但人均可支配收入较高的中国台湾、中国香港市场中，港台同胞人均化妆品的消费水平更高，明显更加青睐高端化妆品。未来，随着我国人均可支配收入的增加，我国高端化妆品市场将越来越大。

目前，高端市场较少看到本土公司的身影，但是随着本土化妆品公司生产水平越来越高，再配合上贴近国人心理的营销和低线城市的广泛渠道，以及品质整体逐步上升，国产化妆品在巩固大众市场的基础上，将逐渐跻身于高端市场，并逐渐位居前列。

（五）文化创意产业发展现状

1. 产业规模持续扩大

文化创意产业的发展开始于城市转型。随着城市经济的快速发展，人力以及土地方面的成本不断提升，城市中的低端制造业需要进行转移，高附加值制造业以及服务业成为城市经济发展的主要产业支撑，而这些产业的高附加值主要通过文化创意得以体现。目前，我国文化创意产业链处于探索期，我国在经济、文化领域都取得了一定的进步，在推动我国经济转型升级和提升国家软实力方面发挥着越来越重要的作用。根据国家统计局相关数据，2022年，文化及相关产业全国规模以上企业达到6.9万家，实现营业收入121805亿元，按可比口径计算，比上年增长2.3%（图1-11）。文化创意产业相关企业蓬勃发展，截至2022年底，依托国家文化创意实验区文化企业超5万家。

图1-11 2018—2022年我国文化及相关产业企业营收情况

数据来源：国家统计局

2. 文化新业态增长迅猛

随着人们对科技类消费产品的极致化、个性化、审美化需求，以及对文化旅游产品的分享化、体验化、交互性、场景化需求，科技与文化的深度融合机制和模式成为产学研关注的焦点问题。过去一年里，元宇宙、虚拟人等新兴文化消费市场逐渐形成，文化产业的数字化进程正在加快，从2022年的文化企业营收数据来看，规上文化企业营收规模在持续上升，文化新业态相关企业营收占比从33%上升至36%（图1-12）。以"科技+文化制造业""科技+文化服务业"等为代表的新兴文化业态已然成为文化产业持续发展的强劲动能。

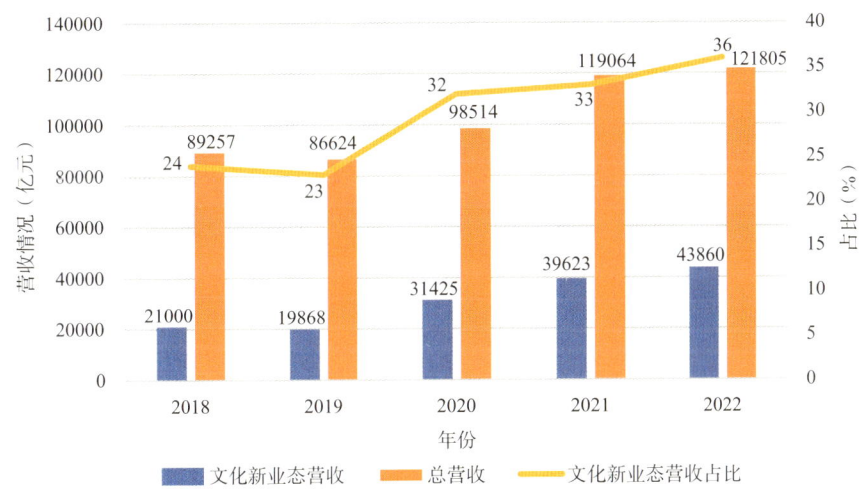

图1-12 2018—2022年文化新业态类规模以上文化企业营收情况

数据来源：国家统计局

（六）消费电子产业发展现状

1. 行业规模稳步增长

近年来，在技术不断创新等因素推动下，全球消费电子产品创新层出不穷，渗透率不断提升，消费电子行业快速发展，并形成了庞大的产业规模，消费电子产品渗透到生产生活的方方面面。相关资料显示，2022年我国消费电子行业市场规模达到了18649亿元，同比增长3.0%（图1-13）。我国消费电子市场规模已经位居世界第一，我国已经成为全球消费电子产品市场的重要前沿。

2. 生态环境是消费电子品牌发展的重要基础

5G与AI等新技术正催化多种数字化应用场景的软硬件服务加速落地，5G带来的万物互联以及AI带来的交互进步和智能化应用的碰撞，使得AIoT成为后智能机时代消费电子行业最大的创新及成长动能。现在是硬件（IoT）生态快速发展的开局阶段，会有更多科技企业的跨界链接和创新品类出现，市场也会形成很多个"多层次的生

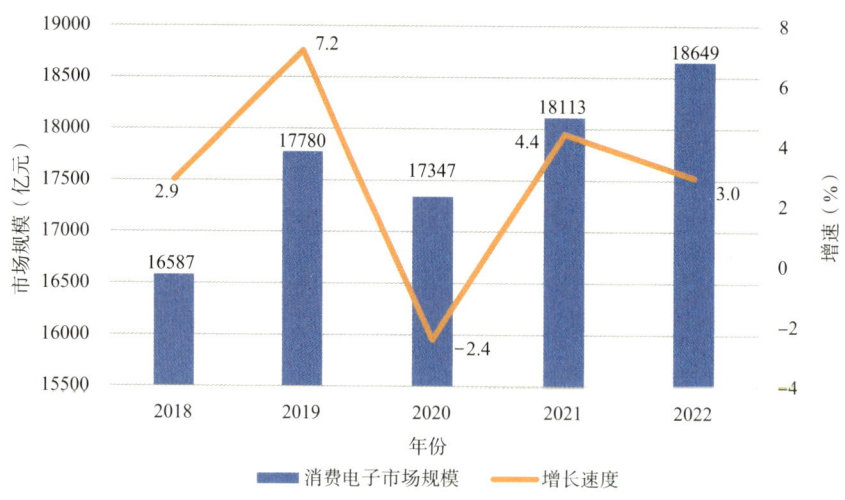

图 1-13　2018—2022 年消费电子行业市场规模

数据来源：中商产业研究院整理

态环境"，未来头部科技品牌的底层竞争必然也就会围绕着生态而展开。科技含量高、外观设计精致、功能齐全的消费电子产品越来越受欢迎，智能化、集成化、系统化的新一代消费电子逐渐成为市场主流。新一代消费电子产品出口企业也越来越重视品牌建设，并通过品牌建设影响客户心理，催生口碑流量，进而形成客户黏性。

（七）时尚传播产业发展现状

1. 产业出现了二十多年来少见的负增长

传媒产业经过几十年的高速增长，2022年，出现了二十多年来少见的低谷，成为中国传媒产业的重要调整期和转折点。相关数据显示，2022年，中国传媒产业总产值为29082.5亿元，同比增长-2.1%（图1-14）。

从细分市场来看，出现了整体下滑，局部上升的局面。互联网广告、互联网营销服务、移动数据及互联网业务、网络游戏等传统高产值领域均出现不同程度的负增长，广播电视广告、图书销售、报刊行业收入规模总和不及网络视听相关领域市场规模。传统产业格局已发生根本性变化，媒体数字化转型发展已成必然趋势。传媒产业进入以数据为基础、以科技为驱动、产业结构不断优化的发展新常态。

2. 传媒产业呈现生态化发展新趋势

传媒生态系统指各种形态的媒介、各种业态的媒体所形成的生态群落与其生存环境之间相互联系、相互制约而构成的动态平衡系统。传媒可分为四大生态种群。一是作为基础设施的互联网平台媒体，目前呈现深度媒介化。平台已不能简单理解为一种中介，它既是具有网络关系的媒体，也是一种"新兴而泛在、隐蔽而必要的、具有资本集聚和传播垄断属性的数字基础设施"。二是内嵌于社会体制的主

图 1-14 2018—2022 年我国传媒产业规模及增速情况

数据来源：根据国家统计局，"传媒蓝皮书"

流媒体，主流媒体一方面持续加强资源整合，央媒、省级媒体、地市级与县级媒体在媒介技术、媒体组织机构等层面加速融合步伐；另一方面，为了实现媒体与受众的更好连接，主流媒体在内容生产、传播渠道、经营模式上呈现"全面数字化"特征，短视频渠道成为主流媒体提升网络传播力的重要赛道。三是高度市场化运行的数字媒体体系，2022 年，数字技术催生了更开放的内容生产机制、更丰富的媒介形态以及更数字化的媒体服务。当前，无论是社交媒体、视听媒体、信息聚合类媒体还是游戏、音频等文娱媒体都在社交化、视频化、智能化以及内容精品化上有所尝试。四是全球传播的媒体。尽管海外传媒市场挑战依旧艰巨，但在国内市场趋于饱和、全球数字技术快速发展、新媒介环境下消费者需求改变的情况下，中国传媒产业仍然迈向了企业合作、内容多样、形式丰富的"复合出海"之路，海外影响力持续攀升。一方面是中国主流媒体借船出海，利用平台媒体传播中国声音，如中央广播电视总台 2022 年春晚在 YouTube、Facebook 平台视频播放量超 1700 万次，互动量近 2000 万次；另一方面是互联网企业自建平台深耕海外市场。市场调查机构 Apptopia 研究数据显示，字节跳动旗下短视频社交平台 TikTok 以 6.72 亿次下载量位居 App 下载量榜首，成年用户日均使用时长为 45.8 分钟，为美国社交媒体平台使用时长第一，内容变现能力、海外传播影响力进一步提升。

三、中国时尚产业发展的产业基础现状

从消费端、市场端、政策端和产业端四个维度全面分析中国时尚产业，我们可以发现中国时尚产业的产业基础为行业的发展提供了有力支撑。

（一）消费者

在民族自信、"Z世代"崛起和女性觉醒等因素的影响下，中国消费者的时尚审美心理和消费习惯不断改变，中国品牌进入了品牌培育和塑造的黄金时期。

1.民族自信

近年来，随着消费者民族自信心的不断提升，对于本土品牌更加偏爱，越来越多的中国新锐品牌应运而生，蓬勃生长。

（1）过去10年，国产品牌在中国服装行业的销售额贡献中稳步提升。尤其是在电商新兴平台，国产品牌与爆款商品不断涌现。

（2）年轻一代国潮成长于国家综合实力显著提升的时代，有着更强的文化自信和民族自豪感。根据麦肯锡的相关调研显示，超过85%的国货消费者过去一年的国货消费占比有所增长，其中近75%"明显增加"；消费者购买"国潮服装"前三大考虑因素是"支持国货""中国风元素""产品质量"。

（3）为了迎合消费者品位的提升，中国品牌将中国风元素融入产品设计与品牌营销，有些还登上了国际舞台，一些本土独立设计师也赢得了国际市场的认可。

2."Z世代"崛起

"Z世代"的自我意识日趋觉醒，特别希望借助服饰品牌表达独特个性和价值观。

（1）根据麦肯锡2019年的"Z世代"消费者调研报告显示，近52%中国"Z世代"选购服装的标准是"使我年轻、充满活力"，超过48%的标准是"能提升我的品位"，此外还有"让我觉得更帅气、美丽"等，他们往往偏爱提供定制产品与服务的品牌。

（2）根据麦肯锡2019年"Z世代"消费者调研报告显示，31%中国"Z世代"消费者更倾向于小众而非大众品牌，其中，52%中国"Z世代"消费者青睐有故事的品牌，这就为街头文化、嘻哈文化等潮流品牌、小众品牌打开了空间。

（3）"Z世代"作为数字原住民，更依赖活跃于社交媒体上的品牌，以及KOL"种草"，通过与品牌的深度互动加固情感联结。根据麦肯锡2019年"Z世代"消费者调研报告，51%的"Z世代"消费者将社交媒体上的品牌账号视为前三大"种草"媒介，44%将博主和KOL等作为前三大"种草"媒介。品牌普遍采用互动性更强，让消费者更有参与感的营销方式与消费者进行深度互动，例如，Teenie Weenie推出"抖音变装挑战"，打造"#请叫我学姐""#变装挑战赛"话题，引发目标用户情感共鸣，上线后两小时曝光即破3000万。

3.女性意识觉醒

女性悦己意识觉醒，购物心态从追求"吸引力"转向满足"悦己力"，在消费品类和选择品牌上有明显偏好。宣扬"健康舒适""解放身心"的产品以及"强调自我价值"的品牌形象近几年获得更多关注。

（1）女性在时尚上越发重视健康、舒适和解放身心。调研显示，2021年女性消费者以"悦己"为导向的消费占比为54%。

（2）随之带来了细分品类和跨品类融合的机会，催生出无尺码内衣、女性运动服、大码女装为代表的女性垂直品类新玩家，以"悦己"为品牌内核，打造独立、冲破传统审美的女性心智，从而借势崛起。

4.消费更加理性

消费者的购物心态在变化，购物更为理智谨慎，消费频次降低、更加关注性价比；在长期消费升级的同时，追求物有所值甚至是物超所值；同时在产品偏好上更注重专业性、功能性（尤其在内衣和户外运动等细分品类），愿意为品质买单。

通过以上对于消费者行为的分析，我们发现人们对时尚和穿着的心态越发成熟，对品牌、产品和购买方式有更多的要求。因此，要获得新时期消费者的青睐，就必须打造品牌力。应该说，具备独立品牌人格，与代际、人群、圈层价值联结的品牌，将比泛品牌获得更多消费者黏性和溢价潜力；产品上，具备功能性，兼顾时尚感与舒适性等附加值将越发重要，更快响应消费者需求迭代产品将比大众化设计获得更多关注；利用全渠道建立适合品牌定位和目标消费者的沟通连接方式，将是必胜关键；文化自信为本土品牌带来契机，要抓住"窗口"做好以上升级，实现国货复兴，登上国际时尚舞台。

（二）市场端

1.国内市场

由于消费者心态变化和产业逐渐完善，市场竞争不断加剧，尤其是腰部企业面临头部企业优势和细分赛道小众品牌挤压，跑马圈地模式已无法扩大品牌竞争优势。建立品牌内核，通过产品、渠道和运营能力赢得消费者的信赖，才能建立新的竞争优势。同时，DTC运营模式转型也是众多品牌的战略重点，这需要品牌提升与客户的直接触达能力、各渠道的运营效率与协同等。产业链优势也是品牌必争之地，头部企业已开始布局多品牌和供应链整合。与此同时，我们看到独立设计师品牌不断涌现，新兴购物方式悄然兴起（如买手店、集合店等），对时尚市场格局形成冲击。

（1）"线上+线下"同步推进。线上化已是多年来的趋势，近年来在新型冠状病毒感染加速影响线下客流和购物方式的大环境下，全渠道融合购物方式势不可挡。线上服饰消费占比预计将继续快速增长，社交媒体影响力持续扩大；"线上+线下"触点的融合购物旅程将是品牌关键发力点。品牌在布局线上引流的同时，需利用不同的渠道和运营方式保持与客户的互动，维护好关系。

根据麦肯锡2019中国消费者调研显示，八成消费者已养成"线上+线下"购物习惯，他们更喜爱能创造丰富互动体验的品牌。

服饰的线上消费占比预计将继续快速增长，其中，社交媒体是主渠道，品牌也在不断探索新兴渠道的布局和玩法。

未来，线上获客和营销成本上升，经营利润空间将进一步承压，相对于线下的优势不再显现，全渠道协同是企业运营的重要课题。

（2）直销模式成为新趋势。在"线上+线下"的营销多渠道发展的情况下，品牌获得了更多消费者触点和机会，但同时也面临着全新的挑战：如何把握错综复杂的渠道布局，如何利用用户的线上线下多方触点来真正把握用户动态、提供优质消费体验且增强黏性。以"经销+批发"驱动的传统模式在消费者体验和数据驱动的市场下开始显现一定弊端。不少品牌向以用户为核心的直销模式转型，如安踏在2020年宣布直销模式战略并将重点区域转为直营，目标到2025年，直营门店数量占比达到70%。

（3）竞争态势加剧。市场格局不断演变，传统品牌上下承压，正在经历前所未有的多重冲击。价格上，受到来自高端品牌、设计师潮牌和独立设计师的重重挤压；细分赛道上，更专精的新锐品牌依靠产品的专一，专业性捕捉细分市场份额，如一些新兴运动品牌等。此外，依托互联网起家的新兴品牌对新渠道、消费者心智快速把握而实现突围。而由于忽视品牌价值、新消费群体演进和卓越运营的重要性，一批中高端、中等规模品牌往往面临掉队的危机。另外，许多以电商起家的垂类品牌在产品迭代、品类延伸、线下运营等方面也受到诸多挑战，未来如何实现规模化扩张则是一道普遍性难题。

（4）布局全方位延伸。国际领先的时尚集团已实现从"单品牌思维"到"多品牌多产业矩阵"的升级，实现集团的高增长并掌握产业链核心资源最大化协同；部分国内企业也意识到国际化和产业链创新的重要性，纷纷布局新品牌、面料科技革新、供应链整合等，以提升自身竞争力。未来如何做到品牌差异化发展、产业链高效协同，还需进一步思考。

国际领先的时尚集团开始全方位布局：以LVMH集团为例，夯实核心业务（主要为时装和皮具），再深耕客群多消费场景和品类（如配饰、美妆），产业生态构建（包括产业链上游企业和孵化器等），分阶段布局扩张业务版图。近年来也不乏国内企业试水海外收购，例如，安踏收购国外品牌（如FILA、迪桑特）在中国的业务经营权，歌力思收购德国、法国品牌，太平鸟入股法国高定品牌等。

国内服装品牌开始全产业链布局：在服装主业做强的基础上，品牌也进行产业链上游（如面料生产、研发、服装加工）与下游（如销售渠道）的延展，以获得差异化竞争力。例如，鄂尔多斯与牧场深度合作，共同培育优质山羊品种，并且建设羊绒原料初加工、深加工的产业链，把控原料质量源头。

（5）全行业的周期变化缩短。在数字技术推进产业链变革、社交媒体汇集海量信息、新一代消费群体需求多元等多种因素影响，国内品牌都在积极捕捉消费者动态，将时尚潮流更快更新地带给消费者。

（6）积极利用热点话题。国内时尚企业紧跟国内外热点话题，推进业务发展。例如，海内外时尚品牌纷纷探索元宇宙潜力，如解锁全新价值领域和新代际互动方式，中国也有领先企业研发服装3D数字化工具链。同时，可持续时尚和循环面料环保已成为时尚和服装纺织业的重要话题。欧盟循环经济行动、欧盟废弃物框架指令等国际政策已对国际纺织业提出要求，纺织废料重复利用技术也已成熟并投入使用。中国品牌也纷纷把可持续发展和环保列为品牌核心价值，并在产品设计和消费者沟通方面加以贯彻。

2.国际市场

头部本土企业不满足于国内市场，在国际舞台上跃跃欲试，主牌出海或海外并购，但仍处于发展的初期阶段，尚未形成规模，与国际知名品牌集团相比，仍需时间积淀。

我们在全球各大时装周、设计大奖等平台上能够看到越来越多的中国设计师崭露头角，他们或拥有全球顶级时尚院校的教育背景，或曾为知名设计师工作的经历，中国设计师和他们的品牌正逐渐成为国际舞台上备受瞩目的时尚力量。

随着产品迭代的提速、消费者心态的日益成熟和竞争格局的快速演变，中国的时尚市场已逐步从"量"的竞争转向"质"的较量，各大厂商将面临二次增长挑战，需要一场全方位的转型。

（三）政策端

着眼政策端，中国正加快形成以国内大循环为主体、国内国际双循环相互促进的新发展格局，各行各业都在积极推动产业升级，纺织和服装行业也不例外。同时，国家"十四五"规划将中国品牌建设作为下一阶段的重点内容，有利于时尚服装产业的下半场转型和国际化发展。新发展格局落实到时尚和服装行业，在内循环方面，要以拉动内需和引导消费升级为导向，深入推进供给侧改革，满足多元化的市场需求，加强创新，拓展产业消费空间。在国际国内双循环方面，应积极推进纺织行业质量标准、认证认可的国际国内相衔接，更好满足国内市场消费升级需求，促进产品在国内外市场的顺畅流通，同时鼓励并推动从产品输出向技术带动、设计引领等的供应链输出转变，巩固全球纺织产业链的核心地位；此外，还需推动更多优质本土品牌进行国际化布局，带动国际市场对中国品牌的消费需求。客观地看，虽然中国服装行业获得了长足发展，但与国际时尚强国差距还较大，距离我国纺织和服装行业的远景目标还较远。因此，为了支持国内时尚产业的快速发展，国家在环保、科创、行业、品牌等方面出台了很多指导和扶持政策。

1. 绿色环保

双碳政策下，行业绿色环保成为所有市场参与者必须关注的问题。需要通过技术变革、标准体系创新、信息积极披露、绿色消费理念科普和宣传等方式，推动全产业链的可持续发展。

2. 科技创新

"科技是第一生产力"，科技和人才是建设时尚强国的重要基础和保障。通过企业与研究机构、高等院校的合作，加强新材料、新工艺、新技术与服装产业端到端的融合，将助力我国服装科技创新达到世界一流水平。

3. 行业发展

通过打造世界级产业集群，升级内需消费，促进国际国内双循环，借助科技手段进行价值链提升等举措，保持规模以上服装企业工业增加值稳定增长，服装出口占全球市场份额保持基本稳定，服装行业增长方式加速从追求规模和速度向提质增效转变。

4. 品牌建设

顺应国内消费升级趋势，提升服装产品质量；立足中华文化，不断提炼文化和美学内核，同时利用博览会、时装周等平台强化对中国品牌的宣传和推介，打造一批具有国际竞争力的中国服装自主品牌。另外，建设高科技、现代化的制造品牌，培养具有世界影响力的区域品牌也同样重要，重点培育具有全球时尚话语权的国际品牌、千亿级以上品牌价值产业集群，构建对全球时尚发展具有引领力、创造力和贡献力的品牌体系。

（四）产业端

在需求、供给端推动，政策支持的背景下，时尚产业迎来前所未有的产业发展空间。

1. 资金大量投入推进新势力品牌或价值链上的优势领域发展

随着消费格局改变，头部投资机构也开始入局时尚行业，高科技、可持续面料、智慧供应链、零售科技等都迎来密集投资。服装行业"十四五"发展规划中也提出了引导社会优质资本进入服装产业领域，鼓励企业模式创新，并加大财税金融支持力度，重点支持设计研发、科技进步、大型时尚活动。

2. 人才培养等转型升级等关键领域

产业上游的供应链升级和各方面的技术革新为时尚和服装产业带来新机会。新技术、新材料、新工艺的广泛应用和产业数字化、网络化、智能化转型大幅提高了产业效率，并孵化出AI个性化定制、共享制造等新形式。零售端基于大数据的应用为消费者提供了全渠道无缝衔接的体验，并使规模化的个性化需求满足成为可能；智能软硬件的融合进一步升级了实体零售的消费体验（如AR试衣镜等）；元宇宙等虚拟数字概念的出现进一步模糊了虚拟与实体时尚的边界。

综上所述，长期看，在供求两端的复合影响之下，中国时尚产业的整体发展趋势向好。向内，产业升级势在必行，以用户为中心的转型和产业全链路的能力升级是必经之路；向外，品牌和产业进一步国际化时机已至，未来十年是重点布局窗口期。短期看，行业变革仍需产业各方积极推动，品牌应洞察现阶段国际趋势变化下的海内外市场变化，抓住风口实现跃迁。

四、中国时尚产业的未来趋势与展望

（一）时尚产品日益多元

以产品创新应对多元化需求是品牌向上创新的正确姿势。产品创新是时尚企业永远的课题和使命。对于"Z世代"时尚消费者而言，时尚产品早已跨越了其原本的功能性，更已经走出了身份象征的浅表意义，而成为消费者的一种个性风格、享受时尚所带来的心理满足感，甚至是一个人消费观、价值观的具体表现之一。因此，时尚产品只有更加多元，才能不断吸引消费者，即使是在一个注重营销的市场环境下，产品依旧是品牌最核心的竞争力。

1.时尚产品类型更加多样

时尚界正在积极倡导身体正能量和多样化的美。过去，时尚界普遍存在着对身材的过度追求和刻板印象的问题。然而，如今的时尚界正在逐渐改变这种观念。不同身形、肤色、年龄的模特开始在时装周上亮相，推动了多样化美的概念。此外，一些品牌还推出了适合各种身材的服装系列，强调每个人都应该感到自信和美丽。面对新的发展要求，立足新的发展阶段，中国时尚产业多元生态持续升级，产品类型更加多样。打破品牌的固有形象，为品牌焕新提供生生不息的源动力。

2.消费者需求日新月异

时尚潮流产品已成为消费者表达自我的方式。过去，时尚选择同质化，消费者对新颖设计的品牌意识或需求较为薄弱。然而，近年来，中国消费者的购买力大幅提高，越来越多消费者开始追求时尚潮流，越发愿意为提供高品质产品及创新设计的品牌支付溢价。举例而言，以零售额计，中高端及高端产品于整体时尚鞋履市场的占比分别由2016年的8.4%及8.0%增至2020年的10.0%及11.8%。因此，时尚产品中中高端产品的占比越来越高。同时，消费者需求正趋于个性化及差异化，消费者会为不同的生活、社交及工作场景购置专用的产品。为满足此需求，适用于特定消费场景、设计独特的时尚潮流产品不断推向市场（图1-15）。在消费者日益主导市场的环境下，拥有深厚客户洞察力、研发能力以及拥有全面产品组合的时尚潮流企业最有能力抓住巨大的市场机遇。

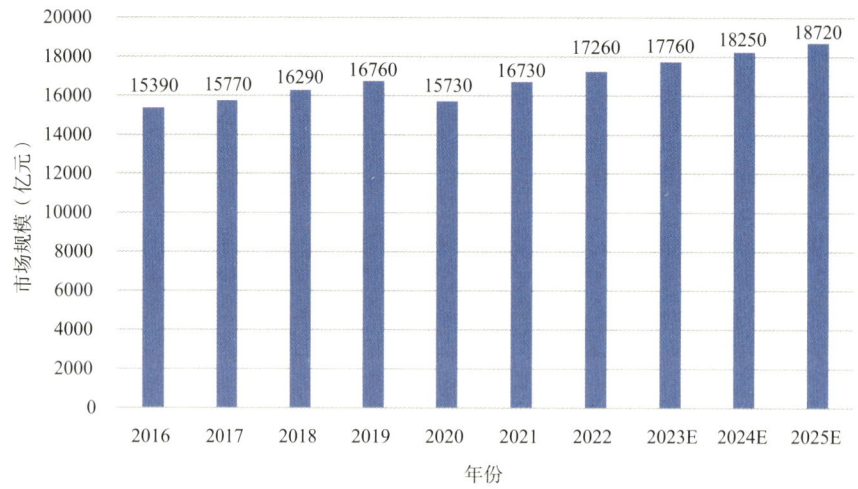

图1-15　2016—2025年中国时尚潮流行业市场规模统计
数据来源：弗若斯特沙利文、中商产业研究院整理

3.千禧一代及"Z世代"引领消费新风潮

中国千禧一代及"Z世代"到2020年总人口为5.7亿人，他们通常具有更前瞻的消费偏好，对时尚潮流趋势的认知也更深刻。千禧一代及"Z世代"偏好时尚休闲及休闲风格的鞋服产品。此外，千禧一代及"Z世代"对风格的选择也越来越影响其他代际消费者的消费选择，小众审美可大众化，推动中国时尚潮流市场的整体增长。

鉴于此市场趋势，产品研发设计的持续创新、强大的品牌营销、客户运营以及主动适应不断变化的消费者偏好已成为时尚潮流企业保持竞争力的重要策略。

4.时尚与文化创意的融合发展更加深入

随着国际化的纵深推进，全球文化的交流日益深化，在各种文化交流碰撞的驱动下，文化与时尚的融合进一步深化，文化赋予时尚产业更多的内涵和韵味，时尚产业为文化的延伸、呈现、传播提供了更加丰富、多元的载体。消费者的时尚需求层级的演化、时尚产品和服务分工的日益细化，时尚产业的多元化、包容化、随性化、自由化的特点日益显现。尤其是美容、美发等时尚产品的个性化定制特征越来越突出，越来越多的具有创新引领和品牌吸引力的消费新业态涌现出来。在国家文化自信战略的指引下，我国积极推进传统文化建设，"国风""非遗"等传统文化、地域特色乡土文化与时尚产业的融合越来越深入，从服饰鞋帽、美妆、珠宝首饰到家具家电、文具、电子消费品等各个领域，无不显现着中华优秀传统文化的魅力。

文化引领成为推动时尚产业品质提升的重要举措。以满足个性定制类需求的业务为重点，培育打造集时尚沙龙、时尚设计、高级定制、便民服务、信息服务等多元功能于一体的多业态时尚产品和服务综合店、多元化的特征日益突出，产品和服务供给越来越丰富。

我国时尚产业发展要坚持文化引领，进一步挖掘好、利用好、发挥好这些独特的历史文化资源，培育符合我国发展实际的时尚文化气质。重视培养时尚优秀人才，优化时尚文化载体建设，建立健全新时代时尚文化体系。充分依托我国相关设计类高校院所富集的优势，积极做大做强设计类教育产业，推动创意设计产业核心竞争力全面提升，为加快打造世界级产业集群提供动力源。加大时尚品牌和新业态培育力度，打造国际一流的全球新品首发地，提升文化设施的综合服务功能，进一步加强时尚文化设施布局，搭建一批"时尚+动漫影视""时尚+文创""时尚+展示"类融合体验场景。借力我国各类大型运动会，如2022年北京冬季奥运会、2023年杭州亚运会等大型国际赛事的品牌影响力，进一步做大做强"体育+时尚"产业，积极倡导绿色、健康、简约的时尚消费理念，引导市民构建生活时尚化、时尚生活化的氛围。进一步深化时尚产业知识产权领域的改革，加快完善时尚产业知识产权相关的法律法规，进一步完善时尚产业的相关政策，严厉打击时尚产业领域涉及品牌、商标权、专利权、著作权等方面的侵权行为。

（二）时尚产业的商业模式将持续创新

时尚产业在过去数年间，逐渐走进了以科技手段为主导的数字时代，广大消费者的时尚消费观念也在不断调整。在数字技术给消费行为带来长期改变的情况下，为了适应不断发展变化的市场，时尚产业持续创新改革商业模式。

1.循环经济催生二手商业模式

随着"商品的价值"和"可持续性"成为消费者购物的重要导向性因素，促使了时尚产业加快对生态环保产品以及可持续发展领域方面的实践步伐，以适应消费者不断增长的需求。近年来，奢侈品二手市场成为人们日益关注的焦点。根据奢侈品转售平台Vestiaire Collective的统计，到2023年，二手时尚衣物、配饰预计将占个人衣橱中的27%，到2025年，该行业的价值将超过600亿美元。艾伦·麦克阿瑟基金会预计，到2030年循环经济模式将为时尚产业带来7000亿美元的商机。另据优奢易拍联合对外经济贸易大学奢侈品研究中心研究发布《中国二手奢侈品发展研究报告》显示，中国近10年的奢侈品存量约为四万亿元人民币，但二手奢侈品市场规模仅占奢侈品行业市场规模的5%，仍处于萌芽期，若以二手奢侈品市场的平均占比来估算，未来中国二手奢侈品市场可达万亿规模。因此，奢侈品品牌也对二手市场表现出浓厚的兴趣。例如，全球第二大奢侈品集团——开云集团，宣布将对奢侈品转售平台Vestiaire Collective进行投资，购买该公司5%的股份。通过此次收购，开云集团显示了其在数字化电商领域以及二手时尚市场进行扩张的野心。面对巨大的市场潜力，国内寺库、只二、胖虎、红布林及妃鱼在内的二手奢侈品平台相继通过直播电商渠道扩大客群；淘宝、抖音、小红书等具有分享性质的直播平台则逐渐成为二手奢侈品的传播营销主战场。随着市场化朝着规范化和模式化的方向发展，未来整个奢侈品行业将陆续向二手转售平台开出绿灯，二手转售电商平台将越发受到头部奢侈品品牌的认可。同时，随着可持续时尚消费观的普及，也将让这股时尚循环经济的热潮，转化为巨大的经济效益。

2.场景化生产和销售提高消费体验

一是从产品开发上，将更加注重细分场景结合细分功能，满足广大消费者实用主义与精致生活两者兼得的消费心理。例如，服装品牌围绕瑜伽、跑步、专业训练等室内运动场景，有针对性地使用柔软、速干、支撑性好的创新面料等服装功能，以此带动消费者购买热情。

二是从产品销售上，将更加充分运用5G、AR和VR、物联网等新一代信息技术，打造数字化沉浸式时尚消费空间。纵观全球，几乎所有的奢侈品百货上传在用社交媒体、线上电商和直播带货等各种不同技术手段，来重新提升自己对年轻世代的吸引力，更加灵活多变的转型策略正帮助它们持续撬动年轻圈层。同时，奢侈品百货也在努力思考如何将线上渠道与线下零售相结合，以及如何重塑线下零售体验的重要性和通过直播、社交媒体等平台搭建自己的私域流量。例如，北京以三里屯、蓝色港湾、国贸、望京等商圈为试点，充分运用5G、AR和VR、物联网等新一代信息技术，打造数字化沉浸式时尚消费空间。在王府井购物中心打造的极具未来感的"星空馆"中，消费者只需要拿出手机扫描商品即可体验AR互动新零售。

3.时尚产业的数字化转型日益形成一种新的消费和生活方式

数字化时代正在推动人类的生产生活方式发生系统性的变革，为时尚产业的创新发展提供了全新的视角和技术支撑，也催生了时尚产业的数字化转型。新型冠状病毒感染疫情的影响使得数字经济有了更大的需求和更广阔的应用场景，一些时尚类企业利用虚拟现实（VR）、增强现实（AR）等数字技术积极推进门店的数字化改造，增强了消费者的体验性，快速消费、即时消费、高频消费等成为时尚消费的新特点。

（三）时尚产业升级的关键是有力的科技驱动

时尚强国建设需要以科技为基本保障。《中国服装行业"十四五"发展指导意见和2035年远景目标》指出，到2035年，"我国服装科技创新水平位列世界一流行列，成为世界服装科技的主要驱动者"。为了实现这一目标，时尚产业通过积极地拥抱变革和创新，推进新材料、新工艺、高效传播方式等的创新研发和使用。时尚产业的从业者们日益意识到，科技创新是创造新思维、新模式和新渠道的驱动力，是产业升级的关键。

1. 数字传播技术改变时尚品牌的营销方式和传播方式

在以数字技术为主导的新一轮科技革命加快推进的同时，系统性的数字化营销渠道已经成为不确定时代的确定趋势。根据艾瑞咨询公司的数据显示，2020年中国直播电商市场规模达1.2万亿元，年增长率为197%，此后三年年均复合增长率为58.3%，预计2023年底直播电商规模将超过4.9万亿元。

作为第一个尝试在小红书进行直播的头部奢侈品品牌，路易威登于2020年3月份在小红书平台上进行了直播首秀，向观众介绍品牌2020春夏系列的主打产品。路易威登的动作也向行业透露了一个明显的信号，即奢侈品品牌之间的流量争夺已经从线下零售转移到线上直播渠道。

除了利用直播形成的公域流量，品牌们还在私域中构建了自己的流量池。比如潘多拉（PANDORA）就选择在自己的私域流量中，举办针对VIP客户群的小规模直播活动，并由自己的品牌员工担任主播。迪奥也采用了私域流量中进行直播的方式，利用企业微信，邀请明星或KOL进入直播间，为自己的VIP客户进行直播。这种方式能够给真正具有高消费能力和客户黏性的VIP客户带来真实的购物体验感，其直播转化率要比在抖音、小红书等平台上更高。

数字传播技术的变革作用还体现在品牌们利用数字时装秀、时装短片等形式进行营销。以古驰、葆蝶家（BOTTEGA VENETA）为代表的品牌纷纷把以往用来筹备实体时装秀的资金预算转移到了线上渠道，用制作精良、极具创意的时装电影，以最新的数字化叙事手法强化品牌先锋形象。

2. 受"Z世代"的需求驱动，大数据赋能于品牌进行数字化升级

"Z世代"消费者的崛起以及他们独特的消费需求，让整个时尚产业始终处于求新求变的状态之中。随着AR增强现实、元宇宙、NFT等趋势的兴起，时尚界正掀起异常数字时尚的竞赛，试图抓住"Z世代"消费者的注意力。作为最早进入"虚拟试穿服务"的公司之一，时装设计软件公司Browzwear在AR试穿、试妆等领域的技术研发已经走在行业前端，其虚拟试妆技术在Snapchat、Instagram和YouTube等社交平台上吸引了大量用户。利用虚拟试穿技术，不仅可以帮助零售商提高竞争力，还可以利用扫描顾客体型所搜集到的体型数据库，为品牌和设计师提供更广泛和更具参考价值的设计数据来源，以此反馈给品牌方，品牌方便可以通过这些数据来调整自己的产品设计和营销内容，从而更有针对性地对某一市场进行精准布局。

此外，"Z世代"消费者对可持续环保议题的关注、对个性化的追求以及日益下降的品牌忠诚度，都决定了品牌方需要利用大数据技术来对这些消费者的需求进行

量化，并持续产出预测消费者需求的洞见。目前，已经实现这一目标的平台包括亚马逊网络服务、谷歌Cloud等巨头。

3.元宇宙等虚拟科技成为时尚产业的下一个风口

元宇宙是一个极致开放、复杂、巨大的系统，涵盖了整个网络空间以及众多硬件设备和现实条件，是一个超大型数字应用生态。这个世界真正实现了数据的确权、定价、交易和赋能，元宇宙是客观存在的、开源的、动态演化的、以客户需求为导向的，是一个人造的虚拟的平行世界。元宇宙的部分概念已经渗透到时尚领域中，如非同质化代币（NFT）、虚拟偶像、沉浸式电竞游戏等。元宇宙不仅颠覆了"时尚只有实体"的传统概念，更让时尚奢侈品牌得以在现实世界以外，逐渐进入虚拟领域，从而实现对年轻世代消费者的精准抓取，并在这一未来趋势中占据主动权。例如，2021年，路易威登为庆祝品牌公司创始人诞辰200周年，推出了基于NFT的游戏应用程序"Louis：The Game"，游戏中运用最新区块链技术，嵌入30个非同质化代币（NFT），供玩家在游戏过程中收集代表路易威登历史里程碑的200张明信片。从快时尚品牌到头部奢侈品牌，再到NFT艺术品和房地产，元宇宙经济迎来了井喷式的发展。据摩根士丹利的报告显示，目前NFT奢侈品市场规模约为250亿美元。预计到2030年，元宇宙概念下的游戏和NFT将占据奢侈品潜在市场的10%。北京也在积极发展元宇宙相关技术及应用，如北京欧倍尔公司开发的元宇宙技术，在其中可以穿越时空，购物无界；可以个性化定制，满足多样化需求；可以参与互动活动，体验更多乐趣。此外，还有中国首个时装周虚拟时尚地标"元宇宙·北京751D·PARK"、阿里元境等。

4.加快构建数字化时尚产业运营体系

要牢牢把握数字经济发展的契机，结合新基建等关键要素，积极发展时尚智造新模式，打造数字街区、数字秀场、数字直播等一批数字化的时尚消费场景，鼓励时尚产品和服务供给者创建一批集展示、发布、交易等功能于一体的线上时尚商品专区，加快培育"云展厅"等数字服务模式，逐步实现数字和实体零售有机融合。加快培育一批数字化时尚类企业主体，孵化一批具有地域文化特色的数字时尚品牌，加快构建数字化的时尚产业运营体系，为时尚产业的发展提供更加精准化的产品和服务，全面提升时尚产业的市场竞争力。

5.全面提升时尚产业自主创新能力

进一步强化创新的第一动力作用，发挥我国科技创新资源、人才、资本等要素富集的优势，加快布局纺织行业等国家重点实验室、国家级创新平台，培育一批时尚产业新型研发机构，积极推进绿色制造、智能制造等关键共性技术及装备的研发与应用，进一步完善"产学研"合作体系，推动创新链、产业链精准对接，提升时尚产业发展的科技驱动力，提升时尚产业自主创新能力。以市场需求为导向，加大新材料、新工艺、新技术、新装备的开发和运用，加快培育聚集孵化一批高科技含量、高附加值的时尚精品品牌商户，积极培育时尚新主体、孕育时尚新力量，提升捕捉时尚潮流、满足中高端时尚特色消费市场需要的能力，推动时尚产业迭代更新速度进一步加快。

（四）可持续时尚实现了技术与时尚的切合

"可持续性发展"是对整个人类社会、经济、环境的重要时代课题。时尚产业的可持续性发展，更是近年来津津乐道的话题。我国在2021年1月的世界经济论坛"达沃斯议程"对话会中，明确提出将力争于2030年前二氧化碳排放达到峰值、2060年前实现碳中和。在"十四五"规划中，明确提出了对双碳、绿色制造、绿色消费的方向与目标。为此，时尚产业作为全球前三大耗能与污染产业之一，面临着重大的转型挑战。现阶段，时尚企业/品牌正在尝试和努力实践可持续的转型变革，包括生产过程中筛选更符合可持续性标准的供应商和使用更加环保的面料，将可持续融入品牌战略制定与企业文化建设等。从整体来看，可持续时尚有利于促进技术与时尚的切合，让技术更好地服务时尚产业发展。为此，将推进五项改变：一是材料更加环保，用更加生态友好的天然有机织物原材料逐步替代现有塑料和皮毛等原材料，从而减少对环境、生物多样性、低碳排放等方面的影响，从根本上降低整个时尚产业对全球环境的污染。总的来看，具有可持续特点的时尚领域新材料主要有易降解、再循环、全天然、可再生等的特质。例如，以植物纤维和培育菌丝为原材料的纯素皮革，可天然降解程度高。二是时尚产品循环使用，结合回收及废物处理提炼，增加产品寿命，同时利用有限资源并减少废物带来的环境污染。例如，李宁推出的环保鞋款"悟空"的鞋底加入了20%的回收料，鞋面使用了塑料瓶以及碎布等可循环再生材料，鞋垫则使用了可循环再利用的生物基材料。三是数字化赋能驱动时尚产业各环节得到提效与协同改善，利用实时数据来遏制时尚产业生产源头的过剩问题，减少纺织材料浪费、节约能源，同时生产流程透明度与可追溯性提升成为可能。四是品牌与年轻消费者之间采取更多元的沟通方式，更注重营销内容、互动体验、社群经营等，让年轻消费者这一重要消费群体，对于可持续时尚有一套系统、清晰、简单的了解，让其在日常经营活动或生活行为中，切身感受可持续时尚所带来的益处。五是快慢时尚平衡，消费者的时尚生活节奏显著变慢，不再一味求快，而是追求质量更好的服装，因此，时尚企业将更多地根据订单量制造，不再过度追求款式的创新。

（五）时尚产业更加注重品牌文化的塑造

在过去几年中，大浪淘沙的时尚消费市场始终证明着拥有独特且明确的品牌文化才能不被市场淘汰，并持续吸引着不同时代的消费者。当下，独特的品牌文化是决定一个品牌能否持久发展、保持消费者忠诚度的决定性因素。它不仅能够赋予品牌深刻而丰富的文化内涵，还能够帮助其建立起鲜明的品牌定位和形象，并通过各个渠道的传播途径让消费者形成对品牌的认知，从而创造品牌信仰以及培养消费者的品牌忠诚度。拥有忠诚度意味着品牌能够在激烈的市场竞争中保持自己的竞争优势，为品牌的可持续发展提供源源不断的动力。因此，需要重视建构全新的时尚文化理念，充分挖掘中国传统文化元素与吸纳时代精神，加快融入符合新潮流的时尚产品之中，打造满足消费者文化与生活方式的时尚品牌，这也是提升我国文化软实力的需要。

1. 推进时尚品牌的国际化

近十年来，随着信息沟通的全球化加速与价值观和文化自信的本地化崛起，西方发达国家长期掌握的文化主导权逐渐下放到更多的地区，包容、尊重、善意、感恩的普世价值观在越来越多的地方流行，这对塑造美、实现美的时尚产业来说，清晰了向心、向善、向上的未来方向。我国时尚品牌将在推进国际化过程中，加强与当地文化的链接，用"美美与共"的跨文化融合策略表达对在地市场的理解与尊重，为深入东道国市场、连接时尚和文化铺路。

2. 通过数字技术实现品牌与传统文化的连接

时尚产业中的中国元素从繁到简，西学东渐，不断融入各大时尚品牌之中。在这个过程中，不断发展的数字技术如5G、AR、VR、直播等，以及元宇宙概念的兴起，都对中国传统文化与品牌的连接产生了极大的推动作用。以我国众多博物馆为例，纷纷通过虚拟空间技术、AR互动体验等形式，将以往艰深难以被完全解读的艺术展品转变成逼真、实时的三维虚拟场景，从而帮助博物馆提升观众的参展互动性和体验感。在时尚产业中，许多品牌也通过数字化手段来完成与传统文化的对接，如北京2022时装周期间，首次推出了数字时尚会场，以"翻转未来，破壁降临"为概念，将艺术、时尚与科技相结合，为虚拟时装发布、数字艺术作品展示打破时空阻隔，引领观众足不出户沉浸式看秀观展。北京工美的数字艺术作品《四维空间》景泰蓝收纳盒、EVERLAND的虚拟时装"数字神话·鹊桥仙"等数字服饰、艺术展品，用数字手段展示了品牌所诠释的中国传统文化，既让传统文化焕发了新生，也让品牌更好地触到了消费者。

3. 多维度提升品牌忠诚度

根据前瞻产业研究院的相关研究报告显示，在2016—2019年之前，中国消费者的时尚消费主要受流量明星、网红潮人、社交平台所引导，但在2019年后至今，消费者的主要购买导向已经变成了时尚品牌所承载的文化内涵，以及这种文化内涵是否符合自己的文化价值观。

文化是时尚的灵魂，消费者对时尚品牌和产品的认同，归根结底来自对品牌所蕴含的文化价值的认同，而这种认同就建立在是否与自身文化价值观相契合之上。消费者基于生活方式、文化层面的价值需求越来越强烈。

过去相当长一段时间，本土品牌难以撼动海外品牌的市场地位及其在消费者心中的影响力。近年来，本土品牌充分挖掘中国传统文化，从品牌建设、零售运营、供应链能力和数字化建设等各个方面不断夯实内功，缩小与国际品牌的差距。以成功实现品牌新生的李宁（Li Ning）为例，其利用大量的传统文化符号来唤起国民的集体文化记忆，使后者产生了对民族传统文化的认同感。同时，利用当下潮流趋势对传统文化符号、建筑、戏剧等内容进行再诠释，其背后所蕴含的文化精髓也通过这种符合新时代消费者审美的创意呈现方式，引发了后者的情感共鸣，在这个过程中，李宁成功地获得了消费者的文化认同。

品牌与健康、自然、专业等某个价值形成根深蒂固的联系，并具备特征鲜明的品牌基因，是品牌克服外界环境波动，实现长期稳定增长的关键。未来，将有更多的服装品牌通过新渠道、新科技、新场景、新思想、新文化等多维度不断地赋予消费者丰富多样的情感价值，从而实现品牌忠诚度的持续提升。

（六）时尚产业国际化将达到新的高度

1. 积极融入全球时尚产业链、价值链、供应链

进一步做优做强时尚产业，培育时尚消费新特点，成为优化城市功能和满足人民群众对美好生活向往的战略举措。要把握全球时尚产业发展规律和态势，以需求牵引为根本，加快引进国际高端创意设计资源，积极提升时尚要素、资源的集聚能力；延伸完善时尚产业支撑体系，引进、培育若干具有国际影响力的时尚产业领军企业；加大国际品牌的引进，创建一批世界级品牌，培育"时尚+"新业态；加快时尚媒体发展，一方面要扩大现有时尚媒体的影响力，另一方面要加快引进国内外顶尖时尚媒体机构，吸引更多的国际　流的时尚活动落户北京，提升现有的时尚活动的国际知名度和影响力；增加优质国际品牌商品供给能力，不断提高国际消费的集聚能力和引领性。

2. 时尚流行的全球化趋势越来越显著

顺应全球化特点，我国继续锚定"国际"方向，采取系列重大战略举措，全面启动国际消费中心城市建设。国际消费中心城市的建设成为进一步提升北京消费的国际水准和全球竞争力的重大战略选择。"十四五"时期是我国建设国际消费中心城市的关键攻坚期，时尚产业的发展壮大成为我国各个国际消费中心城市建设的重要抓手和支撑，提升时尚消费水平和能级是建设国际消费中心城市的内在要求和重要内容。

3. 国际消费中心城市的建设将为时尚产业发展带来广阔空间

经济发展水平是时尚产业发展的基础支撑。我国超大的市场规模优势和工业门类、产业链完整的优势，为时尚产业的发展提供了有力的支撑。随着我国经济社会的发展和居民收入水平的提高，人们对美好生活有着越来越多的期盼，人们的消费意识不断升级，消费能力不断增强，时尚消费的市场规模将进一步扩大。同时，消费结构日趋合理，追求具有新颖独特、低碳绿色等特征的时尚消费品的需求日益突出，时尚消费已经逐步成为一种大众化、普遍性的需求，时尚已经成为人们日常生活中的一种行为特征。随着国际消费中心城市建设的不断深化，我国消费需求品质迅速提升、新生时尚力量迅猛崛起，时尚商圈等时尚产业载体和场景的建设加快推进，我国时尚消费产品和服务的结构进一步提档升级，时尚产业引领消费潮流和趋势的作用进一步提升，时尚消费市场的规模进一步扩大。

（陈文晖　北京服装学院时尚研究院

席阳　北京服装学院商学院）

参考文献

[1] 史丹．从三个层面理解高质量发展的内涵［N］．经济日报，2019-9-9．

[2] 郭广生，任晓刚．以科技创新驱动高质量发展［N］．人民日报，2019-6-7．

[3] 江敦涛．以产业赋能促高质量发展［N］．经济日报，2020-6-8．

[4] 国家发展改革委经济研究所课题组．推动经济高质量发展研究［J］．宏观经济研究，2019（2）．

[5] 盛朝迅．构建现代产业体系的瓶颈制约与破除策略［J］．改革，2019（3）．

[6] 冯德虎．纺织工业高质量发展的背景、内涵和路径［J］．中国纺织，2018（10）：15-18．

[7] 董思雁，李晓峰，冯紫薇．中国文化创意产业贸易及其高质量发展研究［J］．江汉大学学报（社会科学版），2020．

[8] 蓝捷．以纺织服装产业转型升级 助推制造业高质量发展［J］．当代江西，2019（1）：30．

[9] 陈文晖，熊兴，王婧倩．加快发展时尚产业以推动北京建设全国文化中心的建议［J］．中国纺织，2019（1）：110-111．

[10] 中国纺织工业联合会．2021/2022中国纺织工业发展报告［M］．北京：中国纺织出版社有限公司，2022．

第二篇

主题报告篇

第二章　中国式现代化进程中推动时尚产业高质量发展的新思考

中国式现代化的中国特色是人口规模巨大、全体人民共同富裕、物质文明和精神文明相协调、人与自然和谐共生、走和平发展道路的现代化。以纺织、服装、服饰、鞋帽为代表的我国时尚产业已形成完整的产业链和良好的市场环境，时尚消费市场规模大，并在世界舞台上崭露头角，并始终与国家富强、民族振兴、人民幸福同频共振。在全面建设社会主义现代化强国的背景下，科学认识中国式现代化进程中时尚产业发展的新要求和新问题，谋划新时期时尚产业高质量发展的新路径，对于加快推动中国式时尚产业现代化发展具有重要意义。

一、中国式现代化的五个特色

党的"二十大"报告明确概括了中国式现代化五个方面的中国特色，深刻揭示了中国式现代化的科学内涵。

（一）中国式现代化是人口规模巨大的现代化

人口规模巨大是中国的特殊国情，人口规模巨大的现代化是中国式现代化的"显著特征"。我国实现现代化，不同于几十万人、几百万人、几千万人的现代化，而是14亿多人口的现代化，必须克服人口众多、资源相对不足、环境承载力较弱、发展不平衡不充分等问题。虽然人口规模巨大为中国式现代化带来诸多挑战，但14亿多人口中的4亿多中等收入群体也可以形成一个超大规模市场。超大规模市场孕育着蓬勃创新活力，多样化的需求和个性化的消费，为新技术、新产业、新业态、新模式提供了丰富的应用场景。

（二）中国式现代化是全体人民共同富裕的现代化

全体人民共同富裕的现代化"本质特征"要求我们在推进中国式现代化进程中，必须坚持以人民为中心的发展思想，坚持把实现人民对美好生活的向往作为现代化建设的出发点和落脚点，着力维护和促进社会公平正义，着力促进全体人民共同富裕，坚决防止两极分化。

（三）中国式现代化是物质文明和精神文明相协调的现代化

在收入增加、物质丰富的同时，人的精神需求也不能忽视，这是中国式现代化的第三个特征，即物质文明和精神文明相协调。建设中国式现代化，需要我们在不断夯实人民幸福生活的物质条件的同时，大力发展社会主义先进文化，加强理想信念教育，传承中华文明，促进人的全面发展，推进文化自信自强，铸就社会主义文化新辉煌，实现中华文明繁荣永续。

（四）中国式现代化是人与自然和谐共生的中国式现代化

人与自然和谐共生的中国式现代化，既是中国大地的美丽画卷，也是人类家园的守护担当。中国式现代化必须坚持可持续发展，贯彻落实"绿水青山就是金山银山"理念，坚定不移走生产发展、生活富裕、生态良好的文明发展道路，像保护眼睛一样保护自然和生态环境。人与自然和谐共生的中国式现代化，站在人类生存发展的高度，走出了人类永续发展的新路子，是守护人类家园的担当者和引领者。

（五）中国式现代化是走和平发展道路的现代化

走和平发展道路的中国式现代化，既是中国发展的正义之举，也是人类未来的必由之路。党和国家先后提出了全球发展倡议、全球安全倡议、全球文明倡议，为构建人类命运共同体提供了三大支柱，为解决人类面临的共同性问题贡献了中国智慧和中国力量。因此，在推进中国式现代化进程中，必须坚定地站在历史正确的一边、站在人类文明进步的一边，高举和平、发展、合作、共赢旗帜，在坚定维护世界和平与发展中谋求自身发展，又以自身发展更好地维护世界和平与发展。

二、中国式现代化进程中对时尚产业作用的新认识

（一）以消费升级满足我国超大规模市场消费需求

当前，我国人均GDP突破1.2万美元，拥有4亿以上的中等收入人群，居民消费结构快速升级，形成了世界独一无二的国内大市场，超大规模市场具有巨大增长潜力。2010—2022年，我国社会消费品零售总额从15.21万亿元增长到43.97万亿元，年均增长接近9%（图2-1）。多年来，我国最终消费支出和资本形成总额对我国GDP的贡献率持续保持在高位，消费已成为拉动我国经济增长的主引擎。

在此背景下，我国时尚消费市场规模大，鞋服类是全球最大单一市场。同时得益于中国的电商和全渠道快速发展，我国时尚市场线上渗透率（接近40%）全球领

先，并不断在社交电商等新领域引领全球趋势（图2-2）。

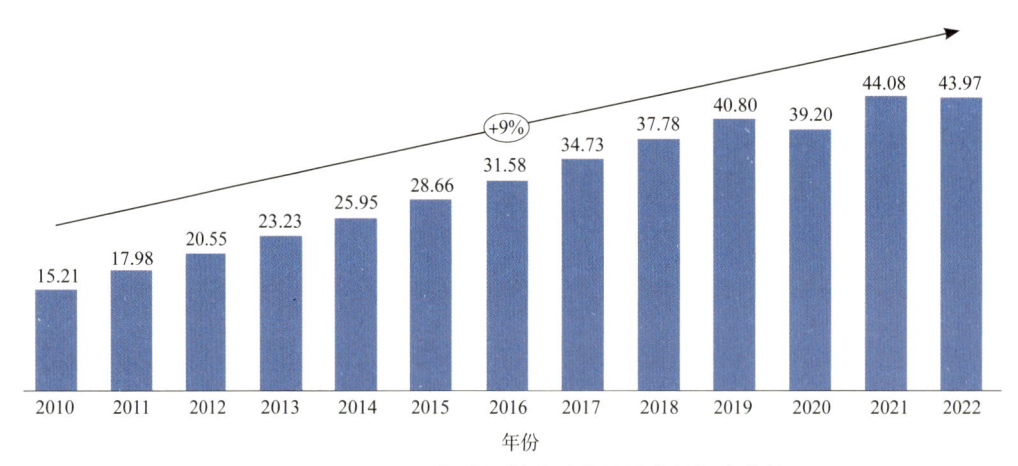

图2-1　2010—2022年我国社会消费品零售总额变化情况

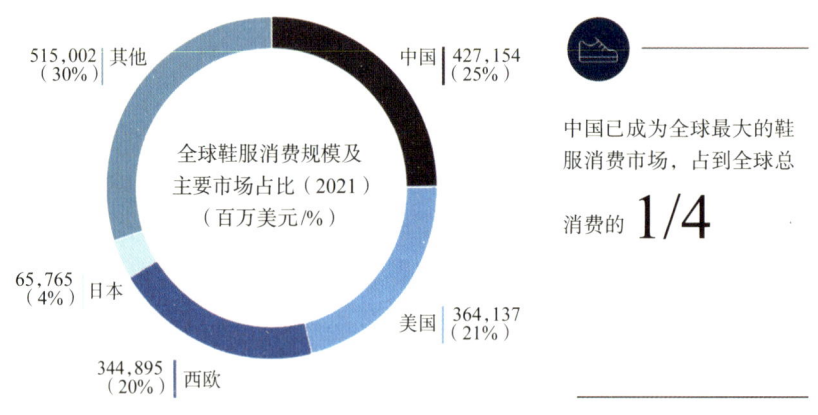

年份	数值
2010	15.21
2011	17.98
2012	20.55
2013	23.23
2014	25.95
2015	28.66
2016	31.58 (+9%)
2017	34.73
2018	37.78
2019	40.80
2020	39.20
2021	44.08
2022	43.97

全球鞋服消费规模及主要市场占比（2021）（百万美元/%）：
- 中国 427,154（25%）
- 美国 364,137（21%）
- 西欧 344,895（20%）
- 日本 65,765（4%）
- 其他 515,002（30%）

中国已成为全球最大的鞋服消费市场，占到全球总消费的 1/4

图2-2　全球鞋服消费规模及主要市场占比（2021年）

资料来源：麦肯锡《2022中国时尚产业白皮书》

因此，加快以纺织、服装鞋帽为主体的时尚产业发展，可以有效满足中国城市消费者日益多元化、个性化、功能化的消费升级需求；并可以通过科技创新、跨界融合等方式，在体育休闲、医疗卫生、安全防护、交通建筑等领域拓展应用场景，为人民生活品质的持续改善提供了更多创新空间和消费市场。

（二）以品牌建设、设计引领和产业生态体系建设促进行业向价值链高端跃迁

据不完全统计，纺织服装行业的法人企业直接从业人员多达1563.6万人，加上个体工商户和农业领域的棉农，估计该行业直接雇佣的人员为2500万人，直接影响大约2000万个家庭，也就是8000万到1亿人的生计。根据2019年底发布的第四次

全国经济普查数据显示，在制造和批发零售两个领域，纺织服装产业有121万家法人企业，拥有资产9.37万亿元。2018年的营业收入达到12.7万亿元，超过当年中国GDP总额的14%，是仅次于电子信息产业的中国第二大产业部门。

总体来看，我国时尚产业对加大城乡就业岗位供给、促进城乡居民增收、塑造我国优势产业国际竞争力、推动城镇化进程和乡村振兴等方面发挥着重要作用。在中国式现代化指引下，我国时尚产业要以品牌升级、设计引领为核心，产业生态优化作赋能，促进行业向价值链高端跃迁，提升自身的时尚竞争力和国际话语权，为促进经济繁荣、助推共同富裕提供重要支撑。

（三）以文化融合创新推动中国优秀文化传承

时尚根植于文化，我国独有的丰富文化资源及其独特韵味可以为时尚产业提供更多鲜活元素，给设计带来更多灵感，让时尚充满文化意涵。在此意义上，时尚产业是中华优秀传统文化与现代社会紧密对接的重要载体。因此，通过对时尚创意设计水平的提升和自主品牌的培育发展，将有效推动传统优秀文化的创造性转化、创新性发展，为推进文化自信自强、铸就社会主义文化新辉煌贡献应有之力。

（四）以循环时尚推动人与自然和谐共生

当前，为应对日益严峻的气候变化形势，时尚产业作为全球前三大耗能与污染产业之一，亟待推进产业生态化发展和绿色低碳转型。中国作为全球最大的时尚供应链中心与消费市场之一，其循环转型对于实现全球循环时尚未来至关重要。近十年来，在国家循环经济发展战略、政策及试点项目，以及清洁生产、环境治理、再生资源利用、绿色制造等相关政策的支持下，中国纺织服装行业循环转型取得了阶段性的进展。新时期，时尚产业要着力构建绿色供应链体系，更好地实现绿色纤维材料、绿色制造、再生循环与需求端绿色消费的有机衔接，全面形成绿色低碳的生产方式和生活方式。

（五）以对外开放合作践行和平发展道路

当前，我国纺织纤维加工总量占全世界比重超过50%，出口总额占比超过1/3，对外直接投资累计过百亿美元。行业以规模庞大、稳定顺畅、高度开放的产业循环，带动全球资源要素高效流动，并已在东南亚、非洲等"一带一路"沿线国家打造诸多标志性项目。新时期，要立足以国内大循环为主体、国内国际双循环相互促进的新发展格局，加快构建汇集全球商贸、技术研发、创意设计等核心高端资源的时尚生态体系，推动我国时尚产业"走出去"，在全球时尚产业快速发展中占据一席之地，有效提升全球时尚产业链、供应链的韧性和安全水平。

三、中国式现代化进程中时尚产业发展面临的新形势

中国式现代化进程中时尚产业发展面临更加复杂的国内外环境。在此背景下，全面剖析当前我国时尚产业发展面临的新形势，推动时尚产业积极响应中国式现代化的发展趋势，更好地服务新发展阶段国家战略大局。

（一）时尚产业发展面临复杂多变的国际形势

近年来，全球经济贸易环境先后受到经济贸易摩擦加剧、新型冠状病毒感染疫情冲击、地缘政治局势演变、通胀压力抬升、市场需求放缓等风险因素冲击，复苏之路艰难曲折，我国纺织品服装贸易环境也随之出现一定程度的波动。一方面，以美国为代表的发达国家正加快实施采购多样化战略，以减轻各种供应链风险和不断加剧的地缘政治紧张局势。例如，美国从中国进口的服装价值占比由2015年的35%以上逐步下降到2023年（1—7月）的24%左右；鉴于当前的中美贸易形势，美国时尚类企业将进一步减少在中国的进口。另一方面，当前全球仍然面临经济增长全面下行、通胀压力高位等经济因素以及全球纺织供应链合作效率损失、贸易环境风险上升等诸多非经济因素制约，未来一段时间我国纺织服装贸易形势不会有明显起色。与此同时，"一带一路"沿线市场对我国纺织服装出口带动作用增强，2022年我国对东盟、"一带一路"沿线市场纺织品服装出口金额同比分别增长14.8%和11.3%（图2-3）。

数据更新至2023年7月

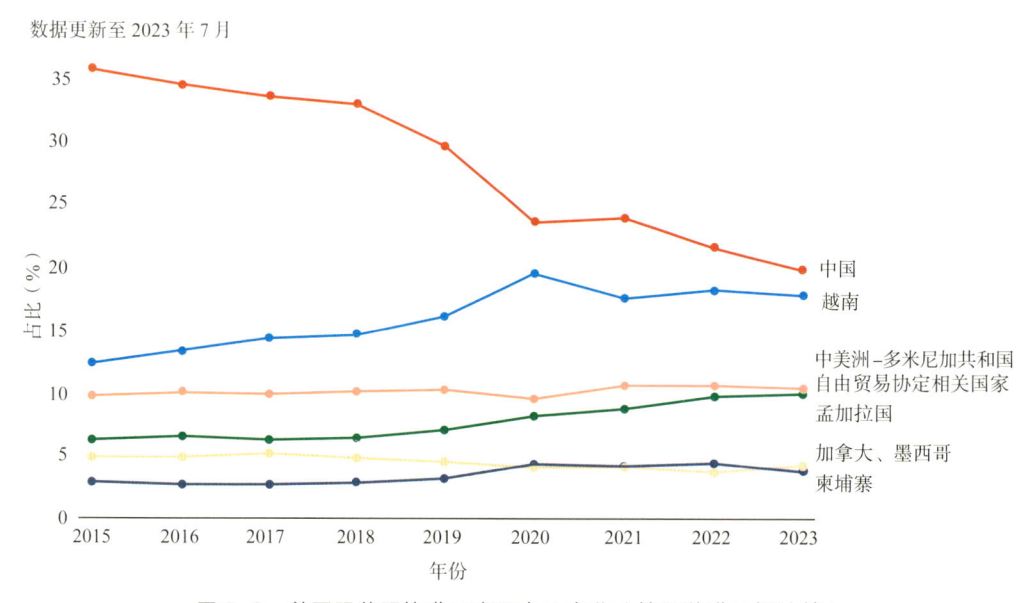

图2-3 美国服装服饰进口来源占比变化（按服装进口额计算）

资料来源：美国商务部纺织品服装办公室（2023）

（二）时尚产业品牌建设与设计水平尚有欠缺

按照时尚消费市场、品牌竞争力、产品设计力、供应链成熟度四大维度，麦肯锡评估了不同市场的综合时尚竞争力。评估结果表明，我国在生产制造供应链环节优势明显，时尚消费市场规模庞大，但是在品牌竞争力和设计引领程度上，与时尚领先市场仍有明显差距。

（三）数字技术与时尚产业正在加速融合

以新一代信息技术为代表的科技创新正推动时尚产业的生产工艺、生产模式、消费模式、传播模式等方面进行广泛而又深入的变革。数字技术与时尚产业的加速融合将全面引领时尚产业跨界和创新，为社会带来全新时尚体验、有效提升时尚产业的管理水平和效率以及加速时尚产业向循环经济转型。但是，我国数字技术与时尚产业的融合成效主要集中在数字营销领域，在制造、设计、供应链、企业管理、虚拟时尚等方面，数字化程度有待提升。纯数字化的虚拟时尚也面临信息、设备、消费终端等各要素配置不畅、整个产业链现代化程度不高的问题。

（四）时尚产业正加速推动绿色低碳和可持续发展

在"双碳"战略指引下，我国时尚产业迫切需要重塑产业发展模式，加快绿色低碳转型，推动产业生态化和可持续发展。近年来，我国纺织服装循环再利用纤维加工比重不断提升，中国已成为全球最大的再生涤纶生产国；绿色设计实践探索增加，截至2022年底，已有29家纺织服装企业入选了国家工业产品绿色设计示范企业，产品类别涉及纺织面料、丝绸制品、羊绒、纺织服装等；绿色制造工艺技术稳步提升，"十三五"期间，共有251种绿色设计产品、91家绿色工厂、10家绿色供应链企业被国家列入绿色制造体系建设名录，完成40余项绿色标准的制定和发布。此外，《2022中国循环时尚产业创新研究报告》显示，伴随国际时尚趋势中对于品牌品质的衡量从"使用寿命"转变为"审美寿命"，循环时尚在我国将迎来快速发展期。预期至2025年，循环时尚产业规模将超千亿，我国二手奢侈品市场具有较大增长潜力，预计2025年将达到384亿元，复合增长率达到15%。

四、中国式现代化进程中推动时尚产业高质量发展的新举措

（一）以"双循环"战略为指引，做大做强时尚消费市场

立足"双循环"发展新格局，要注重拓展国内时尚消费市场，同时以高水平开放巩固我国时尚产业在全球供应链中的地位。

1. 着力拓展国内时尚消费市场

（1）紧跟消费升级趋势，加大新兴热点领域投入。随着国内人民生活水平的提高以及新一代消费群体消费理念的改变，品质化、个性化、定制化消费成为新潮流，健康、科技等成为时尚产品的主打概念，相关企业应加大对运动健身服饰、时尚服装服饰品牌的投入，并在产品中植入更多科技元素，以此提高市场占有率。与此同时，随着国内消费者对掌握信息的途径更为丰富、消费行为更加成熟精明，消费品价格信息将变得更加透明，大众群体的高性价比需求成为长期发展趋势。为此，时尚行业从业者要把产品开发和营销重点放在高性价比产品上来，从而在短期内迅速积累人气，抢占细分领域市场。

（2）创新营销模式，强化与消费者的直接联系。一方面，纺织服装制造企业要加强与电商平台的合作，探索C2M模式，将自身供应链直接与消费者有效衔接，做好线上和线下的融合，实现生产制造对市场需求的快速响应。另一方面，要注重社交媒体、移动消费给产品营销模式带来的变革影响，通过各类社交平台针对特定人群发布内容，深度挖掘产品定位、场景体验、穿搭用途，塑造和提升产品价值。此外，要重点鼓励和引导纺织服装、珠宝首饰、箱包皮具等外贸型企业开拓和完善国内营销渠道，加快外贸转内销进程。

（3）创新时尚消费场景建设，提供多元化时尚消费体验。当前，国家正积极支持北京、上海、广州、天津、重庆等城市创建国际消费中心城市。因此，要依托国际消费中心城市建设，优化现有购物中心、专营店等实体店铺网络，布局一批时尚买手店和沉浸式时尚消费体验空间，加快建设艺术品展览馆、美术馆、博物馆、文化艺术中心等新型时尚文化空间，在中小型新潮商业区、创业集聚区、生活社区等区域培育社区销售业态，为消费者提供店内体验及本土化产品组合。

2. 提升时尚产业对外开放水平

（1）做好"一带一路"沿线市场开拓和产业投资。随着"一带一路"倡议的深入推进，中国与沿线国家和地区的贸易一体化仍有改进和提升的空间，这为我国纺织服装业开拓非美国市场的出口潜力提供机遇。为此，一方面要依托新一代信息技术和跨境电子商务平台，将传统纺织服装贸易转变为数字纺织服装贸易，促进更多纺织服装成品开拓东盟、中亚、中东及非洲的市场。另一方面，要统筹和引导国内企业加大对越南、老挝、柬埔寨、缅甸、巴基斯坦等国家的纺织服装业投资，加大对相关国家的纺织服装中间品出口，促进中国与上述国家和地区纺织服装产业链之间的贸易往来与合作。

（2）抓住区域全面经济伙伴关系（RCEP）全面实施的战略机遇，进一步扩大高端、高附加值产品的市场占有率。RCEP于2022年正式生效。RCEP的生效虽然在短期内对中国纺织服装业的出口会带来一定影响，但从长期来看，中国企业可以利用自由贸易试验区关税优惠来开拓亚太市场,还可以推动重点企业"走出去",在海外科学合理地投资,充分发挥自身规模及产业链优势,有效规避我国在原材料价格、劳动力成本、贸易技术壁垒等方面的劣势。特别是通过RCEP倒逼纺织服装产业转型升级,加速中国纺织服装产业进一步扩大高端、高附加值产品的市场占有率。

(二)以全产业链升级为抓手,全面提升时尚产业附加值

1. 提升原创时尚设计水平

(1)强化时尚原创设计研发。深化"产学研"合作,以时尚产品设计与开发、设计产业公共服务、原创设计师创作创业和企业孵化等为重点,以"时尚+科技"融合创新为重要突破口,建设服装服饰、珠宝首饰、视觉广告等研发设计中心。探索以互联网为平台,整合相关资源搭建一批时尚设计数据库,建设时尚众创在线平台,提供在线设计工具、信息共享和时尚设计项目众筹、众包等服务,打造高端产研一体化时尚创意平台。

(2)加强时尚设计师培养。具有全球视野的设计人才更是时尚产业高质量发展的必备要素。因此,这就需要我国时尚类院校持续不断优化教学体系、强化师资结构,增进与海外顶尖院校、时尚产业的交流,引进海外教育背景的设计教育人才。此外,设计教育需在以艺术、创意为导向的基础上,与产业深度结合,强化兼具设计能力和商业运作能力的复合型设计人才。

2. 促进时尚品牌国际化发展

(1)培育壮大时尚自主品牌。树立精品思维,打造精品文化,实施品牌创新工程,对标国际最高最好最优,支持纺织材料、服装服饰、珠宝首饰、家具、眼镜及美容美发美妆等时尚领域企业注册国际商标,提升区域品牌的国际影响力,创建世界级时尚品牌。支持有条件的时尚企业申报国家级、省级、市级著名商标。鼓励本土设计师品牌发展,建设时尚产品原产地标识系统。

(2)引进国际时尚品牌。依托时尚消费新载体建设,积极引进国际顶尖品牌和高品质的中高端品牌,吸引世界著名时尚产品进驻,提升品牌的质量与层次。加强与巴黎、米兰等国际时尚策源地的交流与合作,通过投资、收购、兼并、特许等方式,整合国际时尚品牌销售渠道,汇聚国际高端时尚品牌。鼓励国际知名时尚企业在国内有条件的城市设立分支机构,推进国际品牌本地化发展。吸引国际设计大师来国内建立工作室、创立时尚品牌。大力引入国际专业品牌运营管理团队及服务。

(3)推动本土优秀时尚品牌出海。强化顶层设计,建立统筹协调机制,支持有条件的城市以时尚产业作为城市名片参与国际性活动。支持具备一定规模的时尚企业构建多品牌矩阵,推动多品牌布局及出海。支持时尚类企业参与国际展览、赛事

等活动，在主流时尚媒体、新媒体、城市公共空间、大型购物中心推广本土优秀时尚品牌。

3. 全速推动全链条智能升级

加快时尚产业数字化转型，推动时尚产业与数字经济的深度融合，导入新技术、创新新业态、发展新模式，把数字化、智能化创新全方位融入我国时尚产业升级。支持企业加大制造相关软硬件设备的改造投入，搭建促进上下游供应链协同的工业互联网平台等，引进智能产线、智能车间，加快发展个性化定制业务，促进制造向"智造"转型。顺应新潮流、新趋势的时尚消费升级，鼓励品牌企业和时尚商圈大力推动线上线下渠道优化，创新布局线下营销网络的同时，积极探索各类线上营销渠道和各类数智化营销工具，运用虚拟形象IP、NFT时尚产品等数字化产品和工具传达品牌价值、优化客户体验。

（三）以时尚文化传承创新为特色，丰富人民精神文化生活

1. 推动传统优秀文化传承与创新

中国时尚品牌的真正崛起应立足于民族自信和文化自信，要在汲取中华优秀传统文化的基础上筑牢品牌自信、反哺当代文化。因此，要支持本土时尚品牌以中华优秀传统文化为底色，建立系统、科学、成熟的"品牌+文化"运作体系，打造具有时代元素和现实意义的"国潮""国风"时尚产品。举办以"国潮""国风"为题的品牌营销管理、时尚创意设计、时尚文化项目策划等主题比赛，为传统文化元素的挖掘、理解、重构和创新表达提供现代化的展示舞台。打破文化内容创造边界，深挖文化意蕴和价值意涵，利用短视频、直播、全息影像等多媒体手段，展现丰富多彩、内涵深刻的中华优秀文化。

2. 丰富时尚文化内涵

按照"文化塑造产业，时尚改变城市"的理念，有条件的城市应汲取本地特色文化精髓，突出城市特质，推进传统特色文化与现代时尚元素结合，彰显科技时尚文化，塑造新时代时尚文化体系。加强时尚文化积累，鼓励建设时尚文化载体，打造时尚产业发展的内核支撑。树立时尚文明城市形象，营造城市时尚生活、审美、消费氛围，引导市民生活时尚化、时尚生活化。

3. 强化时尚文化"走出去"平台建设

注重发挥专业展会、时装周、设计大赛等时尚文化交流平台的作用，融合产业发展、城市建设与区域创新，促进跨界时尚资源的深度聚合。支持以中国元素、中国传统文化为设计灵感和风格的设计师与品牌"走出去"，遴选优秀设计人才予以重点扶持，布局设计价值转换的全球商业渠道，提升中国时尚的全球文化影响力。

（四）以低碳循环时尚为目标，践行可持续发展和社会责任

1. 积极推广可持续时尚设计理念

（1）支持我国重点时尚类高校开展国际交流合作及"产学研"合作，鼓励开展废旧纺织品再利用、一衣多穿概念设计、零浪费结构设计等设计理念的理论研究、教学实践和成果转化，为时尚产业生态化和可持续发展提供支撑。

（2）要鼓励龙头企业、时尚设计师在面料层面、产品全生命周期层面、循环经济层面等推广可持续时尚设计理念。首先是要鼓励使用以棉、麻、丝、毛为主的天然面料、新型环保面料以及废弃面料和可持续再生面料；其次从消费者层面的情感化设计和产品本身的功能性、模块化设计融入可持续发展理念，以便让服装服饰等时尚产品的寿命不再局限于短暂的流行周期，进一步延长产品的生命周期；最后通过培育二手时尚产品购物、分享平台，推动时尚产业的循环经济、共享经济的发展，进而实现时尚产业的减碳，为时尚产业生态化发展提供支撑。

2. 着力构建绿色供应链体系

积极推广江苏晨风集团等龙头企业以绿色供应链管理促进服装行业绿色低碳转型的成功经验，鼓励引导优势时尚类企业加快建立绿色供应链。一是要实行绿色采购制度，规定采购过程中要采购绿色产品、绿色原材料、绿色服务；二是要推动时尚产业链主企业与供应商之间建立"管理+帮助+合作"的模式，引导供应商减少各种原辅材料和包装材料用量，邀请供应商参与时尚产品的可持续设计；三是鼓励龙头企业利用自身技术优势、研发优势搭建涵盖了设计人才培养、品牌培育、原材料展示、产品检验、行业优质资源展销等多重功能的供应链服务公共平台，吸引了供应链上的企业及相关方集聚与合作，逐步由企业自用的平台扩展到为行业服务的公共平台。

3. 大力发展时尚循环经济

（1）服装服饰企业要协同面料生产企业加大绿色纤维等研发力度，进一步优化产品结构，扩大绿色产品系列的设计、生产和销售，满足未来消费者对绿色纺织服装产品的需求。

（2）政府应建立完善以龙头企业为牵引、行业协会为支撑废旧纺织品回收再利用体系，将回收获得的旧衣通过捐赠、二手交易、再利用等方式实现分质分级的综合利用。

此外，创新共享平台、租赁服务、二手交易、线上回收、维修服务、再设计服务等兼顾循环经济原则和消费者新需求的新商业模式，培育形成时尚产业生态化发展的新增长点。

（熊兴　北京服装学院时尚研究院）

参考文献

[1] 牛爽欣. 2023年世界经济与我国纺织品服装贸易形势展望[J]. 中国纺织, 2023（Z3）: 125-127.

[2] 陈文晖, 李虹林. 我国数字时尚产业发展战略研究[J]. 开放导报, 2022（6）: 33-40.

[3] 熊兴, 王婧倩, 陈文晖. 新形势下我国纺织服装产业转型升级研究[J]. 理论探索, 2020（6）: 97-101.

[4] 刘彦博, 王嘉睿, 许旭兵. 服装设计的可持续时尚策略[J]. 艺术科技, 2020, 33（10）: 114-116.

[5] 李超逸. 快时尚服装品牌的数字化可持续发展[J]. 西部皮革, 2019, 41（11）: 26, 34.

[6] 杨文妍. 探析可持续时尚商业模式创新路径[D]. 北京: 北京服装学院, 2020.

[7] 黄茹倩, 黎蓉. 可持续消费模式下快时尚品牌消费者分析[J]. 纺织科技进展, 2021（2）: 46-49.

第三篇

专题研究篇

第三章　高质量发展与我国时尚产业发展

一、高质量发展的内涵及特征

（一）高质量发展的内涵

高质量发展是全面建设社会主义现代化国家的首要任务。改革开放以来，我国经历了四十余年的经济快速增长，也产生了系列问题。党的"十九大"报告将高质量发展描述为更高质量、更有效率、更加公平、更可持续的发展，即高质量发展就是能够很好满足人民日益增长的美好生活需要的发展，是体现新发展理念的发展，是创新成为第一动力、协调成为内生特点、绿色成为普遍形态、开放成为必由之路、共享成为根本目的的发展。也就是说，高质量发展要求我国必须进一步扩大经济规模和提高发展质量，不断夯实我国各方面建设事业的物质条件；必须完整、准确、全面贯彻新发展理念，坚定不移地实施科教兴国战略、人才强国战略、创新驱动发展战略；必须更好地满足人民日益增长的美好生活需要的发展，解决好三大差距问题，推动社会全面进步和人的全面发展；必须实现我国重要产业、基础设施、战略资源、重大科技等关键领域安全可控，防范和化解重大风险，守住安全底线。

（二）高质量发展的特征

1.速度效率并重

高质量发展作为一个完整的发展过程，是在一定的发展增量的基础上实现质的飞跃，发展的速度、效率相互统一，稳中求进的过程。发展速度即增量是高质量发展的基础，从世界多个历经经济转型国家的发展经验看，发展若无增量，质量无从谈起。创新是实现高效增长的主要途径，包括技术创新和制度创新。技术创新能够实现要素投入产出的高效化，尤其是颠覆性的技术创新，能够带来产业变革。制度创新能够提升各生产要素的积极性，以创造更大的价值。

2.结构优化合理

供给侧结构、产业结构趋于合理是高质量发展的重要特征。针对供给侧结构来讲，长期以来我国部分产业产能过剩，高端产品供给不足，部分领域供需结构失衡。高质量发展就是有效供给增长，无效供给或者产能过剩的产业下降。针对产业结构来讲，高质量要求支柱产业以战略性新兴产业、先进制造业、服务业等中高端产业为主，替代过去建筑等传统产业为主的局面。中央提出供给侧结构性改革、大力发展实体经济等战略为高质量发展奠定了基础。供给侧结构性改革强调从提高供给质量出发，用改革的办法推进结构调整，矫正要素配置扭曲，提高供给水平，增强供给结构对需求变化的适应性和灵活性，提高全要素生产率，更好地满足广大人民群众的需要，促进经济社会持续健康发展。高质量发展要化解实体经济与虚拟经济失衡问题，推进建立实体经济与服务业协同发展的产业体系。

3. 绿色和可持续

党的"二十大"报告指出"推动经济社会发展绿色化、低碳化是实现高质量发展的关键环节"，高质量发展是绿色成为普遍形态的发展，现代化必须以人与自然和谐共生为基本前提。发展经济不能以牺牲环境为代价，不采取有力措施，资源支撑不住，环境容纳不下，发展就难以持续。同时，坚持人与自然和谐共生，不是不发展、不作为，而是要通过高质量的绿色发展，实现人与自然和谐共生的现代化。此外，高质量发展必须坚持长远可持续发展的理念，既不能盲目扩张和粗放式发展，又要充分考虑资源要素的承载能力，不能因为短期利益牺牲长远发展。

4. 双循环新格局

具备高水平对外开放驾驭能力，构建起以国内大循环为主体、国内国际双循环相互促进的新发展格局是党的"二十大"报告明确提出对高质量发展的要求。我国长期的发展经验表明，改革开放是取得快速发展的重要法宝。当前全球化进一步加深，全球创新链、供应链、产业链生态已经形成，资源配置、社会分工已经实现全球化。依靠过去低成本要素、人口红利已经难以为继，推进高水平开放，协调全球资源要素，推进价值链向中高端移动是高质量发展的必然选择。我国应具备全球化视野和战略，既要走出去，也要引进来，真正实现拉动内外双循环。

5. 体现新的理念

高质量发展的根本目的是造福于民。"只有坚持以人民为中心的发展思想，坚持发展为了人民、发展依靠人民、发展成果由人民共享，才会有正确的发展观、现代化观。"产业的高质量发展必须体现新的发展理念，让更大范围、更宽领域、更深层次的人民福祉都得到提升。

二、高质量发展对我国时尚产业的影响

（一）高质量发展为我国时尚产业提供广阔机遇

1. 消费升级强化产业内生动力

消费是拉动产业发展的持久动力。消费升级对产业高质量发展具有重要的作

用。时尚产业能够满足人们的心理需求和审美追求，提高人们的生活品质。城乡居民消费结构、消费方式、消费观念和心态的转变升级为时尚产业产品开发、品质提升、品牌打造以及服务提升提供了根本动力和无限空间。

2.信息技术应用开辟产业新天地

信息技术加速了传统时尚行业转型和创新。尤其是新型冠状病毒感染疫情加速了时尚产业的生产模式、商业模式和消费模式大变革，加速了产业融合，全面引领时尚产业跨界和创新，使数字时尚得到前所未有的发展。此外，随着元宇宙概念的提出和应用，时尚产业衍生出全新的时尚产品类型——虚拟时尚产品，某种程度上创造了时尚新物种，为时尚产业发展带来新的突破口。

3.新格局助力产业国际影响力提升

以国内大循环为主体、国内国际双循环相互促进的新发展格局正在加速形成。随着全球化发展趋势进一步加深，双循环格局的打造加大了我国时尚企业全球资本布局和扩张的空间，对于国内企业走出去和国际品牌引进来提供了广阔发展的土壤。"双循环"格局将为我国时尚产业开辟多元化的市场提供支持，还将对稳定和优化全球供应链发挥重要作用，通过多元化的国际市场布局，我国纺织行业国际资源配置能力将进一步提升。我国时尚产业将不再单纯以低成本资源输出类产业作为竞争主力与同类别国产企业争抢单线生产、制造市场，而是依托于产业转型，延伸视野，提升国际影响力。

4.国家高度重视助力产业生态重塑

时尚产业是我国国际竞争力较强的产业之一，是发展实体经济、参与全球竞争的重要载体，关乎国计民生和综合国力，既是实现"稳增长、稳就业、稳物价"的重要领域，又是培育新动能的主要来源。我国历来重视时尚产业发展，在当前高质量发展要求下，国家和地方出台多项政策，营造产业良好生态，助力产业发展。中国服装协会2021年就出台了《中国服装行业"十四五"发展指导意见和2035年远景目标》，设立了在2035年成为"世界服装科技的主要驱动者、全球时尚的重要引领者、可持续发展的有力推进者"的远景目标，并提出要打造"一批具有国际竞争力的中国服装自主品牌"。北京、深圳等多地为抢先发展时尚产业提供政策、平台、资源等支持（表3-1）。

表3-1 各地出台关于时尚产业高质量发展的政策举例

时间	区域	名称
2020年4月	北京市	《北京市推进全国文化中心建设中长期规划（2019—2035）》
2022年6月	深圳市	《深圳市培育发展现代时尚产业集群行动计划（2022—2025年）》
2022年7月	上海市	《上海时尚消费品产业高质量发展行动计划（2022—2025年）》

续表

时间	区域	名称
2022年8月	广州市	《广州市时尚产业集群高质量发展三年行动计划》
2023年1月	深圳市	《深圳市现代时尚产业集群数字化转型实施方案（2023—2025年）》

（二）高质量发展对我国时尚产业提出更高要求

1. 要求提升产业附加值

从全球看，时尚高质量发展应该是产业竞争力稳步增强、国际分工地位逐步提升的发展。时尚产业要把重点放在推动产业结构转型升级上，通过技术创新和商业模式创新，增强产业竞争力，促进我国时尚产业迈向全球价值链中高端。我国时尚产业规模大，但附加值有待提升，实现高质量发展必须提高产品附加值，由低附加值产品为主向高附加值产品转变，从而实现产业在较低资源基础上获取更高附加值。

2. 要求提升中高端供给

建设现代化经济体系，必须把发展经济的着力点放在实体经济上，把提高供给体系质量作为主攻方向，显著增强我国经济质量优势。长期以来，以纺织服装为代表的时尚产业存在库存高、创新低等问题，开展供给侧结构性改革迫在眉睫。随着我国发展进入高质量阶段，消费者收入不断提升，高中产及富裕群体继续扩大，新时代消费者登上舞台，时尚消费需求更加细分多元、个性化。这就要求时尚产业需要创新消费业态和模式、创新生产方式和商业模式，并加大中高端供给、品质供给，尤其是必须提升研发设计、高端制造，满足消费者新的需求。

3. 要求与新技术新业态新一代信息技术融合发展

新一代信息技术已经广泛渗透到经济社会各个方面。随着新兴的数字化触点不断涌现，时尚资讯的丰富以及数字社媒的演进进一步提升了时尚信息的及时性和丰富度，两者共同推动时尚需求的逐步深化。产业数字化是时尚产业高质量发展的主要路径和必然要求。数据不仅是时尚产业新型的生产要素，也是数字时尚本身的重要组成部分。数字时尚已经成为新一轮时尚产业竞争的制高点和改变国际竞争格局变量。当前全球范围内，时尚企业正在加大数字技术的投资。当前国内多地出台了关于时尚产业数字化转型的政策，例如，深圳市为加快推进现代时尚产业数字化转型，促进时尚产业高端化、数字化、品牌化发展，2023年1月出台《深圳市现代时尚产业集群数字化转型实施方案（2023—2025年）》，明确了具体数字化转型的任务清单、转型路线图、组织落实分工。

4. 要求向绿色化转型，实现低碳发展

绿色化是时尚产业转型升级的重要标志，绿色、低碳本身已经成为一种时尚。时尚产业作为推进碳达峰、碳中和的重要领域，必须全面助力实现中国国家自主减

排目标，重视可持续时尚的产业布局，改变过去传统粗放的发展模式，以责任为导向，进行绿色生产，节约资源，降低环境污染，提升按需生产精准度，提高生产效率，改进生产流程，降低流通成本，实现集约集群发展，探索可持续生产与消费的模式与经验，并有力推动全球时尚产业绿色变革。

三、我国时尚产业的高质量发展内涵

（一）掌握国际时尚话语权

产业话语权直接决定产业在国际竞争中是否能占据主动。产业发展的话语权来自产业规模、技术和管理能力等。我国虽然具备全球最完备的产业体系，但是时尚话语权较法国、美国、意大利等国家较弱，尤其是知名品牌数量等较时尚强国有较大差距，目前国际时尚话语权仍然掌握在欧美国家手中。纵观时尚发达市场的发展历程，以欧洲、美国和日本为例，皆走出了各具特色的产业模式，培育出了国际知名的品牌，形成了独具特色的设计风格，因而占据了全球时尚市场的领先地位。除了规模和产业链外，当前我国时尚产业高质量发展的关键内涵之一是补齐设计和品牌短板，在国际时尚行业能够具备时尚引领、规则制定等话语权。

（二）产业体系实现现代化

时尚产业体系现代化是时尚产业高质量发展的核心和关键。一是时尚产业基础高级化，在时尚产业规模、增长速度、效率、安全等基础牢固的前提下，能够实现高新技术不断涌现建立高起点、高效益、高保障的产业基础体系，且产业内、产业要素间结构合理。二是时尚产业链现代化，虽然目前我国时尚产业在市场消费能力、供应链能力具备国际领先优势，但是设计等高附加值环节水平远不如法国、英国、意大利等国际时尚发达国家，世界知名时尚品牌不多，时尚产业集群化水平有限，产业链现代化水平急需提升。三是建设有序健康的时尚产业协同体系，具备优质的产业生态。

（三）创新水平国际领先

创新水平是衡量高质量发展的重要指标。当前各国将创新作为国家战略，加大投入力度。据麦肯锡预测，到2030年，时尚公司科技投资将会上升到收入的3%—3.5%，科技创新作为时尚产业"第一生产力"角色越发关键。科技赋能是现代时尚产业发展的基础，科技创新更是时尚产业发展的核心特质。过去，科技的力量让中国纺织服装产业取得了飞速进步，成为走在国际前列的优势产业。同时，时尚产业本身就是创意经济的重要组成部分，其创新水平是衡量我国创意经济、文化发展的重要标尺。时尚产业高质量发展就是要通过创新源源不断地产生领先的新技术、新管理方式和新商业模式，以及开拓出新的市场，而且要达到国际领先水平。

（四）更好满足人民需要

时尚产业贯穿了我们的衣食住行，代表着人们对美好生活的向往，是社会物质与精神环境最为活跃的表意者，也是人类行为与精神面貌的重要见证者，同时也是工匠精神和民族创造力的体现。时尚产业变革的终极目标是促进商品或者服务供需平衡。高质量发展的时尚产业供给产品或服务能够满足物质和精神双重需求，尤其是随着消费结构性变化，中高端供给规模和质量满足需要，甚至秉承引领社会风尚使命。时尚产业作为一种跨界产业，是与经济、文化、艺术、美学、音乐、教育、科技、商业高度融合的业态，是跨越先进制造业与现代服务业产业界限的综合化产业，内涵非常宽泛，因此高质量发展的内涵也应涵盖多产业高质量发展的本质要求，更加复杂和多元。

中国服装行业2035年远景目标

中国服装协会2021年出台了《中国服装行业"十四五"发展指导意见和2035年远景目标》，明确提出了2035年的发展目标，即2035年，在我国基本实现社会主义现代化国家时，我国服装行业要成为世界服装科技的主要驱动者、全球时尚的重要引领者、可持续发展的有力推进者。关键核心技术特别是数字化、网络化、智能化发展取得颠覆式突破，我国服装科技创新水平位列世界一流行列。构筑世界时尚话语权新高地，形成一批具有全球影响力、引领力和竞争力的知名品牌和产业集群，把中国服装行业建设成对全球有创造、有贡献、有推动的时尚强国。服装行业社会责任深度推进，可持续时尚发展体系初步建成。

四、我国时尚产业的高质量发展路径

（一）全面提升创新能力

创新是产业升级第一动力，国内外经验表明，创新是国家时尚产业发展的关键引擎。时尚产业的核心在于设计创新，只有不断推陈出新、满足消费者需求的设计才能够引领潮流。我国要实施时尚产业创新驱动战略，发挥既有优势，抢抓机遇，全面整合资源，以"产学研"结合为核心抓手，打造前端品牌驱动的科技硬实力，提升以设计为核心的产业链关键环节影响力，构建产业链纵向贯通、横向跨界融合、创新和资金协同的产业生态系统，全面深度融入全球时尚产业创新链、供应链，提升价值链环节，向数字时尚第一梯队进发。我国要积极探索科技带给时尚产业的影响，强化基础研究，通过科技解决数字时尚可持续性的问题，同时，重视发挥企业在创新中的主体作用，鼓励企业通过技术创新获得竞争优势。

（二）创建世界级产业集群

产业集群从整体出发挖掘特定区域的竞争优势，能够在一定空间范围内降低成本，提高规模经济效率和范围经济效益，从而提高产业的市场竞争力。针对北京、上海、杭州、深圳等地的传统时尚产业集群，重点以智能制造和技术突破为核心，升级产业集群，提升产业竞争力，其余地区还要根据自身资源优势推动资源型或技术型产业集群建设。此外，还要把握全球时尚产业发展新趋势，结合市场供需情况，提升产业链现代化水平。新型冠状病毒感染疫情发生后，时尚产业供应链遭遇冲击，对其安全性和稳定性造成威胁。一是全球新型冠状病毒感染疫情、多国"制造业回流"计划实施、国际局势动荡等因素，造成实体时尚多个环节中断和缺失；二是时尚产业供应链本身发展面临的问题，如集聚规模不够、产业集群低度化低等。面向未来，一方面，企业需要更深入地了解消费者需求，实现精准生产。另一方面，加强自身供应链管理，实时掌握供应链运转情况，根据市场变化及时调整。政府要积极搭建产业平台，促进产业链上下游企业供需无缝对接。积极培育"链主"企业，增强辐射带动作用，完善产业配套服务体系和资源要素保障能力。

（三）塑造中国时尚品牌

加快构建品牌价值体系，提升品牌驱动力和国际影响力，增强中国原创设计能力和文化输出，加快中国时尚的国际化进程。建设一批国际时尚潮流发布平台，推动时尚产业的生态构建和多元表达，扶持时尚企业数字化转型，建造一批具有全球影响力的时尚产业高地。加强对具备国际竞争力的时尚企业的支持，通过国际交往、自由贸易谈判、国际科技合作等渠道提升国际影响力。通过税收优惠、金融支持、财政补贴强化品牌活力，增强龙头带动能力。此外，还要挖掘中国特色文化软实力，将我国的文化优势转化为特色时尚产业优势，同时加强国际宣传和营销，推进我国时尚文化国际化，让中国特色的时尚原创品牌走向世界。加强建设世界级时尚展览中心、特色时尚消费一条街，积极组织全球知名时尚节、时尚大赛、展览会等，聚集全球时尚企业家、设计工作者及消费群体。

（四）积极发展数字时尚

统一政府、企业、消费者对数字时尚的认识，构建数字时尚产业生态圈，厚植数字化基因，加速推进时尚产业设计过程、生产方式、商业运营、消费模式的全面变革。不断强化数字基础设施建设，为数字时尚生态体系的发展奠定基础。构建数字时尚产业运营体系。依托信息精准对接，发展时尚智造新模式，建设数字化无人工厂。以人工智能、虚拟现实、增强现实等新技术赋能，适应体验型、享受型、品质型消费升级的需求，开展数字时尚产品到生活方式的沉浸式体验区、综合体验类场景建设，建立线上线下相结合的数字时尚营销体系。发挥我国人才、资源、资本等要素优势，加快布局数字时尚产业的国家创新平台，培养时尚产业创新研发机构，推动数字智能化、绿色环保等关键技术及装备的研发与应用，进一步完善"产学研"合作体系，提升数字时尚产业自主创新能力。注重培育数字时尚市场主体，扶持时尚企业数字化转型，建设数字时尚产业集群，打造一批具有全球影响力的数字时尚产业高地。

（五）全面优化产业生态

由产业政策、产业链各环节、社会资本、传播平台等要素构成的产业生态，既是品牌夯实能力的基础设施，也是时尚产业转型破局、走上国际市场的关键因素。随着数字技术的发展，我国时尚产业已从原来"品牌—经销商—零售商—终端消费者"的单向链条合作状态和信息沟通方式，发展为多方力量参与、多方互联互通和多向信息反馈的生态圈系统。我国要积极做好时尚产业顶层设计、战略规划，完善配套政策体系，尤其是科技产业化、融资、税收等优惠政策，鼓励时尚新业态发展。强化政府和社会组织建设，全面掌握全口径时尚产业的发展情况，对产业升级和革新提供良好的创新环境。强化必要的法律法规，用于引导、规范时尚产业发展，优化营商环境，建立公平竞争的环境，保护消费者权益，营造良好的发展氛围。

（六）参与国际规则制定

与西方发达国家相比，我国的时尚产业虽然市场规模占比较大，但参与国际时尚规则制定的程度较低。西方发达国家非常重视国际规则的制定，很早就已经以双边、多边自由贸易协定方式要求他国遵守本国规则，间接推动了国内规则国际化。尤其是针对数字时尚领域，当前国际规则尚未成熟，我国应依托先发优势，争取更多的国际规则话语权。抓住"一带一路"建设、数字丝绸之路建设、丝路电商建设等契机，加强发展战略对接，加强数字基础设施建设与电子商务、互联网、网络安全等方面的合作，积极参与制定数字时尚国际规则，共同打造有利于数字时尚产业的公平、公正、开放的发展环境，维护和完善多边数字时尚治理机制，共同促进世界经济包容性增长。

（李虹林　中咨投资管理有限公司）

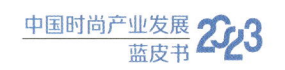

参考文献

[1] 贾荣林，陈文晖. 数字时尚产业特点及其发展战略研究——兼析国内外数字技术与时尚产业深度融合的发展经验与路径选择［J］. 价格理论与实践，2022（6）：27-31，181.

[2] 宋懿. 数字思维：时尚可持续进程中的一种创新框架［J］. 艺术设计研究，2022（2）.

[3] 吴立，顾伟达，负天祥. 首都时尚产业赋能城市更新发展［J］. 人民论坛，2021（30）.

[4] 张杨傲冰，刘元荻，黄楠，等. 数字经济背景下时尚产业发展模式研究［J］. 中国市场，2021（30）：8-9.

[5] 史安斌，杨晨晞. 从NFT到元宇宙：前沿科技重塑新闻传媒业的路径与愿景［J］. 青年记者，2021（21）：54-87.

第四章　弘扬优秀传统文化与我国时尚产业发展研究

服饰文化作为中华传统文化的重要组成部分，其设计范式、裁剪技艺、制作工艺的发展直接反映了社会生活的进步以及人们审美价值体系的变化，具有较高的研究价值和保护价值。本文所指的服饰是广义的，包括服装、鞋帽、配饰等具有御寒、遮蔽、装饰功能的穿衣配饰。

一、传统文化与服饰文化的关系探究

（一）服饰文化是优秀传统文化的重要组成部分

"中国有礼仪之大，故称夏；有服章之美，谓之华"。追溯至原始社会"袭叶为衣裳"，自华夏文明诞生便有了服饰。五千多年来，伟大的中华民族孕育了特有的文化传统与民俗风貌，形成了独一无二的价值审美体系，影响着人们日常的言行规范与服饰穿戴。服饰是我国民俗文化、制度文化以及审美文化的最直接表征，是古代社会层级、地位与财富的显性划分，也是现代社会文明进步的重要标志。服饰文化的发展是我国社会制度变迁的缩影，其蕴含的社会功能、礼仪教化功能与自然环境、地域文化、宗教信仰息息相关，是优秀传统文化密不可分的一部分。

（二）服饰文化是优秀传统文化的相关映射

文化遗产是民族历史和精神原貌的表征和见证，是民族精神血脉多层次的物态证据。相较于博物馆的静态展示，文化遗产背后蕴含的思想通过服饰得以动态表达和呈现。例如，黄帝时代的礼祭服设计将长度、颜色、款式分别对应了天数、五方和天地，所谓"衣正色，裳间色"正是"天地玄黄"宇宙观的映射。又如，"人法地，地法天，天法道，道法自然"的天人合一思想既是我国古代服饰美学的思想基础，也对处理人与自然的关系具有一定参考价值。再如，强调"慈悲智慧"的佛家思想重视众生平等，对人们的服饰穿戴规范起到了一定的指导与推动作用。这些中国古代优秀的传统义化思想经过时间沉淀、与人们的生产生活实践相结合形成的传统服饰文化观与我国的道德观、科学社会主义核心价值观主张具有高度契合性，是中华文明的智慧结晶、中国式现代化道路的文化瑰宝。

二、优秀传统文化对我国服饰文化发展的影响

(一) 儒家文化思想

自古以来,"仁、义、礼、智、信"的儒家文化核心思想对我国古代服饰文化影响深远。在儒家文化中,伦理道德观是"礼"的重要成分,穿衣用布是礼仪涵养与家国情怀的重要体现。从历代服饰的配色看,无论是色相、明度和纯度,在整体上都具有协调性;从搭配形式看,尽管受辽阔的地域因素影响,我国古代居民着装仍具有一定规范性,以礼为等级标志,在领、袖、三围以及襟、摆、扣等项目中存在固定的比例关系;从服饰与环境的融入程度看,在我国传统服饰文化中,服装不仅起着取暖遮蔽的外化于形功能,更内化为社会"礼治"的文化载体。在我国传统服饰审美体系中,受儒家思想影响的服饰文化观是一种理性认识,即以"礼"为核心,高度重视伦理道德的社会功能,借助服饰这一外化形式推行礼治社会。

(二) 其他文化思想

在东汉初期,人们形成了"讲究随性,自然宽松"的穿戴观念,从根本上看是道家"逍遥""自由""无为而治"思想的体现。道家文化认为"无为"才是人类的理想状态,而近年来现代知识女性开始偏向自然面料,以纯棉和丝绸等为衣物材质首选,也可以隐约视为道家思想的痕迹。再如,盛唐时期,各种宗教文化思想逐渐融合,一定程度上解放了人们被传统文化固化的审美品位。特别是佛教文化的传入对服饰文化审美变革起到了积极影响,这一时期的服饰不论在用色还是在款式方面都呈现出不同以往的变化,即用色由原先的单一质朴向鲜艳多彩转变;款式由之前包裹性较强的式样向宽松过渡。又如,在宋代,吸收了程朱理学思想的服饰风格一改唐代瑰丽、大气的服饰设计风格,人们的日常穿戴呈现出相对质朴简练且略显拘谨的美学风格,即在服装造型上,表现为"遮掩"功能加强;在色彩上,强调本色,以淡雅为尚;在面料选择上,强调平淡天然之美。

三、优秀传统文化对于现代时尚产业发展的重要意义

(一) 发展现代时尚产业是传承中华优秀传统文化的重要举措

我国现代时尚产业以传统纺织服装为基本载体,无论设计理念还是剪裁技艺,都在古代服饰的基础上发展演变而来,是对非遗服饰文化的保护继承和创新。即便织物工具从远古时代的纯手工发展至今日的机器生产和智能制造,基于我国优秀传统文化思想与审美品位的服饰文化风格依然历久弥新。

服饰文化是我国五千多年历史文脉、业脉的最直观呈现,代表的不仅是一个个

具象的历史符号，而是穿衣哲学背后蕴含的社会主义科学价值观。现代时尚产业将历史悠久、底蕴深厚的中华服饰文化精髓通过设计介入的方式嵌入人们的生活中，以开放包容的态度从不同层面提取和凝练设计主题，从而以显性符号和隐形内涵并举的形式完成设计的文化表达，体现着中华民族对于美的追求，正所谓"各美其美，美人之美，美美与共，天下大同"。

（二）发展现代时尚产业是新时代彰显我国文化自信的有力实践

现代时尚产业是以创意设计、品牌营销、创新智造为核心，融合文化、科技、艺术等要素，以面向消费升级为主要目的的一系列经济活动的总和，具有高创意、高技术、高附加值、高市场影响力等特征，是引领新时代文化消费的综合性产业集群。我国现代时尚产业的高附加值属性很大程度上归因于创意设计环节从无形到有形的过程再造，特别是将剪纸、编织、刺绣、印染等工艺元素运用到设计中，赋予服装服饰独特的文化内涵。有学者认为，文化自信，服装先行。中国的文化自信既要"走出去"，也要"传出去"。现代时尚产业"走出去"与"传出去"不仅是传统服饰文化元素的创意表达，也是国潮文化与工业美学的有机统一，还是中华美学精神和当代审美追求相结合的产物，更是新时代文化自信的有力彰显。

四、我国传统文化与时尚产业融合发展现状

（一）数字技术赋能传统文化，助力现代时尚产业创新性发展

随着我国互联网、大数据、云计算、人工智能、区块链等技术的加速成熟，各地紧紧抓住新一轮科技革命为传统文化产业转型升级带来的战略机遇，大力推动互联网与传统文化产业深度融合，以粉丝和社群经济、IP产业生态链为代表的新型商业模式和以协作化创新、网络化共享为代表的新型传播方式不断涌现，推动传统服装、传统剧目、原生态音乐、手工技艺等多种传统非遗文化实现创造性转化与创新性发展。

目前，全国已有多家文化企业与互联网头部企业展开合作，共同探索元宇宙技术在优秀传统文化传承与创新的适用性，推动其更加普及化、大众化，进一步丰富人民群众的精神文化生活。越来越多的功夫茶、地方美食、剪纸雕刻等元素出现在国产动漫中，与电影、电竞、美妆、服饰、电子产品、旅游文创纪念品实现IP融合；各大城市的历史博物馆也投入安装了全息投影装置、试穿戴戏服系统、数字虚拟体验室等，为公众提供沉浸式的时尚新体验。数字科技除了赋能传统文化产业拓宽赛道外，也在推动现代时尚产业转型。例如，我国大批纺织服装龙头企业在转型过程中应用物联网、云计算和智能控制等数字化技术，完成了生产设备和制造流程

改造，建立起"无人车间"和"无人工厂"，提高车间数字化、网络化和智能化水平，使传统产业从单机制造向互联网、连续化生产转型，全面提升传统产业生产效率。由此，借助数字技术的蓬勃发展，我国正在逐步实现优秀传统文化的传播交流与传承创新，拓宽现代时尚产业的领域赛道并形成更大的影响力。

（二）文商旅体持续深度融合，文化地标成为时尚创意打卡地

当前，我国正在着力构建体系完善、业态多元、品牌引导、活力迸发、特色鲜明的文化经济新格局。各地文商旅体融合趋势不断加快，主题特色型商业街区、现代文化景区、新型艺术社区等通过打造具有自身独特文化属性的IP形象和产品，释放了新的消费潜力。

例如，凭借"长安十二时辰""不倒翁小姐姐"等文化表演成功出圈的西安大唐不夜城以潮流文化为导向，开发了效果爆棚的《盛唐密盒》互动演艺吸引游客，以沉浸式演艺为代表的动态文创正在成为新型时尚消费热点。同样凭借文商旅体融合发展拓宽行业赛道的还有位于河北省秦皇岛北戴河新区的阿那亚文化社区。以"孤独的图书馆"网红景点知名的阿那亚通过不断打磨时尚与创意空间，吸引了诸多国际时尚品牌在此举办时尚大秀、美妆盛典、品牌沙龙、主题派对，良好的海滨景观和浓厚的艺术社区氛围一方面为时尚品牌提供了创意营销落地的空间和抓手，另一方面吸引了大批具有文艺情怀的高净值客群，实现了向高品质文艺社区的转型。

（三）多措并举推动传承创新，探索"非遗+"业态融合新路径

2017年，中共中央办公厅、国务院办公厅印发《关于实施中华优秀传统文化传承发展工程的意见》，保护传承文化遗产作为重点任务之一被提及。在相关部门、院校、行业协会的通力合作和积极参与下，我国非遗保护传承工作不断深入，非遗文化的传承创新正在通过"非遗+教育""非遗+时尚""非遗+艺术"等跨界融合的方式广泛参与到人们的生活中。

各地文旅部门率先启动专项资金用于支持依托当地特色文化、民族民俗等资源且辐射带动能力强、社会效益明显的文化产业项目。例如，衢州围绕"南孔圣地"的城市品牌打造了儒学文化产业园区。园区以孔子为主题，引入有实力的团队策划、编排南孔文化沉浸式演出、孔子音乐剧及孔子话剧，培育南孔爷爷特色IP等特色文化产品；深耕以儒学文化为核心的研学教育产业，依托原鹿鸣小学、孔氏南宗家庙、中国儒学馆等优势载体，开发系列儒学文化内涵丰富的研学产品，以"非遗+教育"引领消费模式升级。

同时，各大专业院校和行业协会不断发挥自身优势，积极投身非遗传承保护与

发展。目前，全国共有121所院校参与到中国非物质文化遗产传承人研修培训计划，推动非遗领域的学历教育、职业培训、继续教育等相互融合，纳入全民终身学习体系。此外，以行业协会为代表的专业机构也成为推动非遗文化创新的重要力量。在时尚产业发展水平相对领先的一线城市，各大纺织服装行业协会纷纷成立社会责任办公室，启动"纺织非遗活化工程"；同时牵头与时尚电商开展合作，引入平台资源，通过设计帮扶、行业指导等多种形式助力乡村手艺人，实现纺织非遗技艺的市场成果转化，取得了良好效益。根据《2022非物质文化遗产消费创新报告》，我国非遗商品消费者规模已经达到亿级，非遗交易额较2020年增长近10%。

（四）"文化+"生态圈雏形初显，高品质持续性体验有待提升

从全国层面看，无论是传统文化产业还是时尚产业均已形成了一定的规模效应，"文化+时尚"的产业生态体系初显，但二者融合的综合竞争力还需提升。一些已经落地的文化园区在升级过程中由于定位模糊或同质化，缺乏对文化内涵的深度挖掘和动态展示。从区域层面看，部分二、三线城市已经将传统文化保护融入现代时尚产业发展的举措中，而且借助大型会议、赛事的举办取得了一定的经济、社会效益，但产业链相关要素亟待健全，传统文化和时尚产业融合面有待拓宽。

从市场角度看，我国传统文化与现代时尚产业的融合思路趋于同质化。主要体现在：一是产品的创新形式单一。目前，时尚展演、设计周、体育电竞赛事等普遍抓住数字经济浪潮，推出数字时装周、数字电竞、线上音乐会、数字设计、数字试衣等，特别是以区块链、大数据技术为代表的高新技术在传统文化元素植入时尚业态过程中得到广泛运用，但二者融合的产品主要集中在美妆、服装、电竞、数码领域，其他时尚相关领域鲜有涉及。二是系列产品受众相对较少，尚未形成品牌优势。随着我国原创设计师水平的不断提升，时尚创意单品层出不穷。即便是联名爆款商品也只能延续一个系列，且消费者主要集中为年轻群体，时尚单品一旦超脱在特定使用场景外，年轻消费者对于产品忠诚度只能保持"三分钟热度"，并未形成持续的文化价值体验。

五、促进优秀传统文化与我国时尚产业融合发展建议

中华民族优秀传统文化是多样且富有内涵的。保护和传承优秀传统文化，是国家人文精神和民族感情的需要，也是展现文明互鉴、实现价值耦合的重要举措。时尚产业不仅服务于人民穿衣用布之需，还肩负着传承民族精神、推动中华服饰优良传统向现代化转型的重任。

（一）优化顶层设计，科学打造新时代"中国时尚"的实现方案

（1）优秀传统文化与时尚产业的融合发展需要打破惯性思维、摒弃快餐思维，以结果为导向，充分整合各方资源，实现文化思维输入与市场服务输出的深度结合。要通过合理的产业定位表达可持续文化价值诉求，让独特的文化衍生品填补时尚消费市场空白，为行业创造新的价值并赋予文化内涵。同时，要借助新媒体的传播途径和表达形式，赋予其体现时代特点的文化精神和艺术内涵，从而提升传统文化的影响力和凝聚力。

（2）优秀传统文化与现代艺术的深度融合需要借助政府、企业、院校、智库、行业协会等多方力量。特别是纺织非遗活化要把第一产业、第二产业、第三产业联动起来，形成一批能够落地、具有可持续文化价值与市场潜力的时尚文化品牌，培育一批具有国际竞争力的民族文化企业。

（3）文化要素的创新与重组要最大限度打破时尚品牌的固有形象。时尚产业正在经历从"创意品牌"到"创意产业链"的过渡，即时尚趋势由过去少数设计师主导转变为由创意产业链上游共同驱动；传统文化产品所蕴含的审美观念也会随着时代而变化。因此，文化产品的设计和制作应当与时俱进，将古老工艺与现代技艺、时尚设计结合起来，通过现代表达形式激活其新的生命力；时尚产品的设计应充分考量传统手工艺的文化魅力，运用现代设计诠释文化匠心，以"跨界"联合推动"无界"融合。

（二）以文化传承为切入点，提高时尚审美水平与居民人文素养

（1）要增强文化产业与时尚消费之间的紧密连接，把文化建设作为"时尚社会化"的长期发展方向。"十四五"期间，随着消费者文化自信和文化自觉不断强化，服装所承载的意义远不止形式上的创新，更是传承中华文化的纽带。"文化自信，服装先行"，我国的时尚自主品牌应形成引领全球时尚潮流的能力，以中式元素、传统纹样打破固有的全球时尚文化圈层，重塑"国潮"概念，为民族品牌走出国门赋予更持久的力量，助推文化强国建设。

（2）要持续推动中国文化的创意输出。当前，我国年轻一代消费者的民族精神价值和文化意识都在不断增强，这是时代赋予的文化自觉和文化自信的重要表征。中国文化的创意输出不是简单的形式回归，而是优秀传统文化的当代创新和重塑，是新时代中国人精神与风貌的展现。因此，设计师在创作过程中要与时代背景相呼应，创作出与当代生活方式和审美价值共鸣的文化作品。同时，要以开放的胸怀和视野，输出对全球时尚发展具有当代意义的中国态度和文化表达，体现我国对全球时尚产业发展的创造和贡献。

（3）要既从文化中来，又向文化中去。时尚产业是我国文化产能的重要组成部

分、肩负着文化传承的重要使命，如何在时代背景下实现传统文化的本地化表达是一项重要课题。我们要鼓励文化企业参与或主导传统文化资源的开拓，通过广泛的民意渗入生产、创意和经营过程，进一步把传统文化传播的对象从人拓展至城市，从商业拓展至社区，形成与现代创意、时尚消费的可持续发展闭环。例如，在社区层面发起时尚企划、艺术装置等文化保育活动，唤起居民对于当地传统艺术文化的认同与归属。

（三）以文化创新为主基调，推动实现创造性转化、创新性发展

未来，时尚产业的目标市场覆盖将拓展至全球，粉尘化的信息触点不断加速消费者的多面性与多变性，时尚企业需要更加敏捷地应对全球市场变化、消费人群演化与潮流热点变换，锤炼自身获取信息的快速响应能力。

（1）要创建符合中国特色兼具全球视野的品牌。优秀传统文化的传承不仅是静态守护，更需要基于时代背景的动态创造。我国不断涌现的新兴品牌、电商品牌和独立设计品牌应注重与非遗文化元素、游戏、影视动漫、二次元领域的跨界合作，通过创新门店场所设计、限定产品上市、秀场展览元素融合、文化情怀共创等形式实现品牌推广。

（2）要充分尊重市场规律，掌握主流消费群体的购买习惯与审美偏好。我国时尚企业应对自身产品定位有着明确清晰的认识和规划，坚守品牌理念并在此基础上持续创新，重视原创性、高品质和可持续性，充分考虑消费者的购买诉求，塑造可持续的文化价值观，形成差异化优势，实现长远发展。

（3）要借助新一代数字信息技术实现商业模式创新，推动时尚产业从"数字时代"向"数智时代"迈进。尽管新一代数字和信息技术在时尚产业的应用尚处于起步阶段，消费需求的升级加速了工具的变革，引发时尚要素的重新整合，生产者与消费者之间建立了直接、高频次且长期持续的联系和交互，改变了传统的时尚商业模式代以完整的数字化工具链。要加快构建数字时尚的"基础设施"，串联起从面料到ODM再到品牌的全链路数字化，鼓励本土时尚企业借助3D应用以及AR/VR技术，缩短样衣制作时间减少资源浪费，实现时尚消费体验全方位升级。

（四）以文化消费为推动力，促进全球时尚文化多元共荣

以文化经济推动地方发展早已成为全球共识，尤其是在国际市场充满不确定性的前提下，时尚消费在某种程度上承担着提振市场信心的指南针角色。相较于其他产业，我国时尚及其相关服务业的内容资产与号召力具备更强的市场渗透性，也具有更多元的观赏性和互动体验模式。

未来，我国时尚企业要在其发展过程中重视"文化根基"，将价值思维贯穿至

产品全生命周期，以新中式美学提振文化消费市场，全新定义优秀传统文化的包容性和引领性，结合现代潮流元素设计，唤起年轻消费群体共鸣，讲好新时代中国故事。同时，要始终站在中国文化的主体上吸收多元文化，积极面对时尚经济全球化带来的挑战；提升跨文化传播能力，挖掘隐藏在多重文化、审美、生活方式背后的潮流思维，运用多元文化赋能，创造新的作品，推动全球时尚文化的多元共荣。

（刘雅婷　北京服装学院时尚研究院）

参考文献

［1］刘东超．把握文化遗产保护与精神血脉传承关系［N］．辽宁日报，2021-11-30（007）.

［2］李晰．汉服论［D］．西安：西安美术学院，2011.

［3］岳兰兰．宋代丝绸纹样艺术研究［D］．郑州：郑州大学，2015.

［4］李心记．中国特色社会主义"民族特色"研究［D］．郑州：郑州大学，2017.

［5］孟桂颖，杨安宇．传统和谐理念与当代服饰文化［J］．美术大观，2007（6）：158.

［6］刘东超．社会主义核心价值观对儒学的继承［J］．中国德育，2018（12）：36-38.

［7］李秉宸，王子怡．论宋代服饰文化形成之原因［J］．中国民族博览，2019（3）：108-109.

［8］崔荣荣．中华服饰文化研究述评及其新时代价值［J］．服装学报，2021，6（1）：53-59.

［9］祁述裕．艺术产业"新常态"与艺术研究转型［J］．中国文艺评论，2016（10）：29-31.

［10］祁述裕．新发展阶段文化产业呈现两大特点［J］．中国国情国力，2022（3）：1.

［11］刘东超．新时代文化资源的开拓和利用［J］．东岳论丛，2018，39（1）：66-68.

第五章　共同富裕与我国时尚产业发展

2020年10月召开的十九届五中全会对扎实推动共同富裕作出重大战略部署，把"人民生活更加美好，人的全面发展、全体人民共同富裕取得更为明显的实质性进展"作为2035年基本实现社会主义现代化远景目标的重要内容。在党领导全国人民团结奋斗的历史上具有重要的里程碑意义。在推进共同富裕的过程中，时尚产业也发挥着重要的作用。大量实践验证，通过以"非遗传承"等形式帮扶落后地区发展文化产业，实现人民共同富裕，是一条行之有效的道路。

一、共同富裕的内涵及特征

到21世纪中叶基本实现全体人民共同富裕，是党的"十九大"确立的第二个百年奋斗目标的重要内容。准确把握共同富裕的科学内涵，深刻理解共同富裕作为社会主义现代化区别于资本主义现代化的根本标志，认真总结中国共产党探索共同富裕道路的经验与启示，客观探析全面建成社会主义现代化强国新阶段实现共同富裕面临的紧迫问题，有助于我们采取科学有效的措施助推全体人民共同富裕战略目标的实现。

（一）共同富裕的内涵

中国共产党一直高度重视"共同富裕"这一问题。党的"十八大"以来，党中央将"共同富裕"摆在了更加重要的位置上。从学术界对"共同富裕"概念的理解来看，比较具有共识的是四个方面：一是共同富裕首先要达到富裕水平，在富裕社会消除贫穷，消除绝对贫困；二是共同富裕要致力于实现全体人民富裕，每个人都达到富裕水平；三是物质富裕与精神富裕的全面富裕；四是差距合理，全体人民都在共同劳动的基础上享有社会发展进步的成果，在消除两极分化与剥削的基础上实现共建富裕与逐步富裕，因而要逐步缩小区域差别、城乡差别与群体差别，并使之处于合理差距水平。

在全面建成小康社会、开启"第二个百年"奋斗目标的新发展阶段，共同富裕有着深刻的时代内涵。共同富裕是社会主义的内在本质要求，也是中国式现代化的重要特征；既是经济问题，也是关系党的执政基础的重大政治问题；不仅是发展目标，也体现了党全心全意为人民服务的根本宗旨。因此，必须着眼于全面建成社会主义现代化国家的根本要求来理解共同富裕的内涵。"小康社会"的全面建成意味着，我们消除了困扰中国几千年的绝对贫困问题，正在迈向社会主义现代化国家新征程。因此，扎实推进共同富裕，是提档升级、更高发展阶段的社会主义现代化建设，是在"全面建成小康社会"的基础上，建成具有中国特色的"共同富裕社会"。

共同富裕是一个总体概念，是相对于两极分化而言的，是着眼全局性、整体性的统筹推进；就富裕领域而言，共同富裕不是单一的经济发展概念，而是经济、政治、文化、社会和生态"五位一体"的全面跃升、整体有机辩证地推进。党的"十九大"报告中强调"人民美好生活需要日益广泛，不仅对物质文化生活提出了更高要求，而且在民主、法治、公平、正义、安全、环境等方面的要求日益增长"。

（二）共同富裕的重要意义

1.共同富裕是新时代解决我国社会主要矛盾的重要抓手

中国特色社会主义进入新时代，我国社会主要矛盾已经转化为人民日益增长的美好生活需要和不平衡不充分的发展之间的矛盾。共同富裕是人民对美好生活需要的重要内容。我国仍处于社会主义初级阶段，发展不平衡不充分问题尚未从根本上解决，中等收入群体比重不高，城乡区域发展差距、人群间收入分配差距较大，民生保障存在短板。在全面建成小康社会的目标实现之后，鲜明地提出共同富裕的接续奋斗目标，既能更加充分地解放和发展生产力，也将更有效、更直接地回应人民群众关切、满足人民对美好生活的需要。在新时代现代化建设征程中，围绕共同富裕目标推进各项工作，将带动实现更加平衡、更加充分的发展，从而更好地解决新时代社会的主要矛盾。

2.共同富裕是中国特色社会主义现代化的鲜明特征

共同富裕是社会主义的本质要求，是人民群众的共同期盼。我们推动经济社会发展，归根结底是要实现全体人民共同富裕。为人民谋幸福是党的初心，共同富裕是党对全体人民的庄严承诺，是中国特色社会主义现代化区别于资本主义现代化的鲜明特征。确立共同富裕的目标，把促进全体人民共同富裕摆在更加突出的位置，将明确地昭示我们所要建设的现代化是全体人民共同富裕的现代化，将更有力地凝聚全体中国人民团结奋斗。我国人口规模巨大，14亿人口实现以共同富裕为鲜明特征的现代化，既会彻底改写现代化的世界版图，也将彰显中国特色社会主义制度的优越性，在人类历史上产生深远影响。

3. 共同富裕是党巩固执政地位、提高执政能力，带领人民顺利推进现代化进程的内在要求

中华民族伟大复兴绝不是轻轻松松、敲锣打鼓就能实现的。党领导人民取得了全面建成小康社会的伟大成就，但要在百年未有之大变局中实现民族伟大复兴，仍需迎接新的挑战。国际经验表明，贫富差距过大时不仅经济循环不畅，而且会导致社会动荡不安。环顾当今世界，不少发达资本主义国家面临着因为贫富差距拉大、社会阶层进一步固化而带来的尖锐社会矛盾，社会内部严重分化、分裂，甚至走向对立、动荡，民粹主义、民族主义抬头。第二次世界大战之后极少数相对顺利地从低收入或中等收入进入到高收入行列的经济体，其重要的共同点是都在追赶进程中把贫富差距控制在一定范围内；而长期陷于低收入陷阱和中等收入陷阱的经济体，大多数贫富差距很大。我国发展实践也证明，发展起来后的问题一点也不比不发展的时候少。能否实现共同富裕，既是对党的执政能力的新考验，也是判断世界各国治理能力和制度优势的重要标准。实现共同富裕不仅是经济问题，而且是关系党的执政基础的重大政治问题。今后必须借鉴正反两方面的经验教训，有效地提升党的执政能力，有力地推动共同富裕，才能巩固党的执政地位，顺利推进现代化进程。

（三）共同富裕的特征

随着新时代共同富裕阶段目标的确立，其内在要求与重点方向随之呈现新变化、新特点，揭示出共同富裕思想内涵及内容体系变化的内在规律性，成为新时代更加注重共同富裕思想的显著标识。

1. 从高速度发展为主转变为高质量发展

共同富裕的实现以高度发达的社会生产力为基础，高质量发展将进一步巩固共同富裕的生产力基础。现阶段，解放和发展生产力，仍然是走向共同富裕的根本手段，但传统的增长模式已不能适应新发展阶段的要求，由高速增长转向高质量增长是必然趋势。具体而言，中华人民共和国成立后，我国认识到发展的重要性，但在发展方式上还处于持续探索中。在人民建立先进工业国的要求下，我国重视恢复发展生产，重点推进社会主义工业化建设，初步奠定了高速发展的工业国防基础。在人民不断发展的物质文化需要下，我国更加重视提升发展效益，着力扭转社会生产落后的局面。在人民日益增长的美好生活需要下，我国面临富起来以后的发展不平衡不充分、两极分化、创新不足等问题，发展质量被摆在更为突出的位置。高质量发展的转向，实际是发展理念的转变，是新发展理念引领下对质量效益关系的重塑。从顶层设计看，从确立科学发展观，提出生态文明建设，再到"五位一体"总体布局的推进，都是对发展质量不足的有效回应，更是对发展方式和发展理念的不断优化。尤其在新发展阶段，高质量发展更为关注人民的高品质生活期盼，是对新发展理念的贯彻和落实，以高质量发展破解发展起来以后的矛盾和问题，将筑牢我国由富到强的生产力基础。

2. 分配制度将更加注重公平与效率

分配是新发展阶段扎实推动实现共同富裕的重点指向，离不开对公平与效率关系的处理。在我国分配制度演进中，改革开放以前"搞平均主义，吃'大锅饭'"的分配方式，造成动力缺乏、富裕不足、共同落后贫穷的局面。以改革破平均，成为发展必然。改革开放后，随着经济快速发展，我国收入分配制度在实践中得到逐步完善，强调效率优先的收入分配制度显著提升了发展效率。据国家统计局数据显示，我国城镇居民人均可支配收入从1978年的343元，增加至2007年的13786元，增长了40倍。但相伴而来的是基尼系数的居高不下，2003—2007年的基尼系数均保持在0.4以上。其中，2007年为0.484，在实现效率的同时，分配公平的问题更为突出，并在一定程度上阻碍了效率的增长。2007年党的"十七大"召开，强调初次分配和再次分配都要处理好效率和公平的关系，再次分配更加注重公平。实践表明，允许适度差距存在有利于促进效率，但过大的差距将妨碍低收入群体共享发展成果，不利于扩大中等收入群体规模。尤其在新发展阶段，进一步处理好公平与效率的关系，必须围绕提高低收入群体收入、扩大中等收入群体的目标，聚焦以下重点人群：已脱贫的农村人口、在城市的农民工和老年群体，在完善我国收入分配制度中体现公平与效率的兼顾和统一。

3. 从先富后富问题转变为共享共富主线

全面建成小康社会"是实现共同富裕的阶段性目标和当代表现"，步入新发展阶段，守住全面建成小康社会的底线，是取得共同富裕实质性进展的前提和基础。1978年以后，党中央认识到"平均"式共享社会财富将导致共同贫穷，转换社会财富的共享模式尤为迫切。为此，适应于全体人民的共享诉求，服务于中国式现代化的先富带后富、先富帮后富的发展模式应运而生。然而，受限于生产力要素、社会主义初级阶段的发展还不充分，集中表现为两极分化，以共享发展为化解之策成为必然。党中央始终以理念为行动先导，关注如何实现发展的重大问题。在共享发展理念的引领下，我国取得了脱贫攻坚战的全面胜利，迈出了真正意义上全体人民实现共享共富的第一步。从先富后富，到共享共富，是共同富裕实现路径越加明晰的重要体现。但如何以共享共富守住全面建成小康社会的底线，成为下一步需要解决的重点问题，即确保已脱贫但不稳定的人口、边缘易致贫人口均能稳定地享有医疗、教育、就业、住房、基础设施等基本的公共服务，提升贫困人口脱贫的可持续性和边缘易致贫人口监测的科学性。在新发展阶段，共享共富的主线将进一步贯穿于第二个百年奋斗目标始终，全体人民的美好生活期盼将在现代化进程中得以不断地、逐步地实现。

4.从追求物质生活富裕为主转变为追求全方位富裕

"全面"是新发展阶段推动共同富裕的重要抓手,反映了人民群众多层次多方面的美好生活需要,是共同富裕目标要求不断深化和拓展的结果。中华人民共和国成立之初,生产物质生活资料本身、解决温饱不足问题是这一时期共同富裕的主题,主要体现在先进工业国同落后农业国的社会主要矛盾中。改革开放以后,中国式现代化小康概念的生成,彰显了人民生活水平的显著变化,同时也标志着向共同富裕领域的延伸,落后的社会生产远不能满足人民的物质文化需要,物质富裕逐步向多元富裕拓展。步入新时代,我国取得了经济建设、深化改革、民主法治等十大历史性成就,改革开放四十余年的发展成就彻底扭转了落后生产的局面。随着人民生活水平得到显著提升,"不仅对物质文化生活提出了更高要求,而且在民主、法治、公平、正义、安全、环境"等方面有了更高的需求,主要表现为:人民需求已从"量"的富裕转变为"质"的富裕,从物质富裕转向全面富裕,从物质共享转向全面共享,从全面小康转向全面富裕。

5.从人的现代化转变为人的全面发展

现代化国家建设中的"全面"要求,包括但不限于经济、社会、文化等方面的现代化,还包括人的现代化。究其根源,新一轮科技革命提出了现代化的更高标准,并以此引领重构国际力量对比。这种更高标准,归根结底是综合国力的竞争,其本质是关于"人"的竞争,即人才质量、人口结构、人口综合素质的竞争。"人是社会的主体,是社会发展的承担者和推动者",要发挥人在现代化建设中的推动力,首先要以人的现代化为前提和基础。具体而言,通过高质量教育、就业优先的顶层设计,促进人口素质、人口结构、人的价值理念、行为方式等现代性获得,助推人的现代化。而人的现代化,最终要走向人的全面发展。马克思、恩格斯认为,在资产阶级旧社会,"人"无法在阶级和阶级对立之下实现全面发展,取而代之的将是联合体,"在那里,每个人的自由发展是一切人的自由发展的条件",并以人的本质复归,实现对奴隶社会、封建社会"人的依赖",以及资本主义社会"物的依赖"的超越。因此,人的自由而全面发展,是人自身发展的终极目标,从这个意义上讲,国家现代化的过程,是追求人的现代化进而实现人的全面发展的过程,人的现代化是人的全面发展的必要准备。

二、共同富裕对我国时尚产业发展的影响

共同富裕是物质富裕与精神富裕的全面富裕。在追求共同富裕的过程中,将对我国时尚产业的发展产生非常积极的助力作用。

（一）共同富裕有助于时尚产业升级

科技是国家强盛之基，创新是产业发展之魂。"我国经济社会发展和民生改善比过去任何时候都更加需要科学技术解决方案，都更加需要增强创新这个第一动力"。为了全体人民共同富裕取得更为明显的实质性进展，我们党带领人民积极识变、应变、求变，以科技创新不断开辟时尚产业高质量发展的新动能、新优势，以促进时尚产业提质增效，以更好地实现美好生活的普惠共享。

1. 夯实科技创新的人才基础

中国要强，中国人民生活要好，必须有强大科技。科技是人类社会发展进步最活跃、最革命的因素。这就要求在时尚产业发展过程中加快实现高水平科技自立自强，不断提高全域科技创新水平，把握科技主动权，打赢关键核心技术攻坚战，全面提升时尚产业高质量发展的独立性和自主性。作为做大共同富裕财富蛋糕的主体，人才是推动时尚产业生产力发展、实现科技创新的"第一资源"。在实现共同富裕的发展过程中，人们将更加追求全面的发展，科学文化素质和思想道德素质将上升到一个更高的水平，科研、教育、培训体系的建设将更加完善，时尚产业学科建设将更加成熟，理论及实践创新将更加多元，这些坚实的人才支撑体系，是推动"人口红利"向"人才红利"转变的关键，更是以人口高质量发展扎实推进共同富裕的重要举措，将有力支撑时尚产业的科技创新，促进时尚产业的高质量发展。

2. 强化科技创新成果转化应用

科技成果只有同国家需要、人民要求、市场需求相结合，完成从科学研究、实验开发、推广应用的三级跳，才能真正实现创新价值、实现创新驱动发展。在共同富裕的目标引导下推进科技创新，时尚产业积极培育龙头企业，可以打造出更多的科技创新体集群。在这一基础上，时尚产业强化科技创新对产业经济体系的关键支撑作用，大力发展新兴产业和未来产业，培育共同富裕的产业新优势。以科技创新成果助力乡村振兴，走新型农业现代化道路，不断增强农村经济的创新力和竞争力，平衡城市与乡村发展的差距；以科技创新开拓就业新形态，拓宽不同群体参与发展、共享成果的渠道和路径，缩小收入差距；以科技创新优化基础设施的区域布局，兼顾东西部地区共享医疗资源、教育资源、就业资源等方面的福利，缩小区域差距。

3. 加快发展数字经济

数字经济具有高创新性、强渗透性、广覆盖性，不仅是新的经济增长点，而且是改造提升传统产业的支点。数字经济既能促进持续性、均衡性增长，又能助推共享式、普惠式发展，是在高质量发展中促进共同富裕的重要力量。随着全社会朝着共同富裕方向大踏步迈进，全社会的共同参与推进了数字技术的发展，从而同时成为时尚产业发展的重要引擎。

（1）全面引领时尚产业的跨界和创新。数字化加速了工具的变革，引发时尚要素的重新整合，加速了时尚产业与科技、文化、创意等方面的融合发展，使生产者和消费者建立直接、长期和高频次的联系和互动，形成了前所未有的销售新场景，改变了传统商业模式，构建了全新的竞争格局。

（2）为社会带来全新时尚体验。数字技术加强了产业中各节点、各角色的联动性，企业、设计师可以快速通过数字化手段捕捉消费者的兴趣和需求，提升大众时尚设计参与度。数字化实现了基于大数据、以用户为中心的个性化定制，能够实现精细化的客户关系管理，精准提升消费体验。

（3）提升了时尚产业的管理水平和效率。数字技术不仅提升了生产效率，实现了企业效益的增进，带动整个产业的智能化发展与价值链创新。同时，业务流程的数字化提升了管理水平和交易效率。此外，数字化可以使企业越过中间商环节，通过数据直接掌握消费者需求并实现精准对接。

（二）共同富裕有利于扩大时尚产业的消费总量

目前中国经济实力正在实现历史性跃升，经济总量占世界经济的比重显著提高。在最新指导方针中又进一步明确了，到2035年发展总体目标其中之一是"人的全面发展、全体人民共同富裕取得更为明显的实质性进展"。而共同富裕将优化居民财富分配的格局，提升全社会的消费能力，预计消费占GDP比重将逐渐企稳回升。

通过对比世界上主要国家的最终消费支出占GDP比重与基尼系数的关系发现，二者基本呈现出较为明显的负相关关系，收入分配差距越大的国家，消费支出占GDP比重越低。由于边际消费倾向递减规律的存在，每1块钱收入分配给中低收入群体带动的消费量远大于高收入群体。当收入增长主要流向高收入群体，而中低收入者消费能力并未显著改善时，居民的消费增长动力将受到压制。因此，扎实推进共同富裕，降低收入分配差距，也是在改善消费增长的动能，从而促进经济高质量发展。共同富裕的任务之一是，着力扩大中等收入群体规模，形成中间大、两头小的橄榄型分配结构。近年来，我国居民收入增长较快，中等收入群体规模逐年扩大，由2010年的1亿多人增加到2019年的4亿多人。2035年远景目标显示，人均国内生产总值达到中等发达国家水平，中等收入群体显著扩大；国务院发展研究中心原副主任王一鸣表示，未来15年中等收入群体有望从4亿翻番至8亿，将撬动更大规模的消费潜力。中等收入群体有着强大的购买力，是引领升级性消费的重要力量。充分挖掘中等收入群体的消费潜力，将为我国经济增长提供重要动力。只有中等收入群体不断壮大才能使居民消费成为促进经济社会持续、稳步增长的主要动力源。

作为"中国式现代化"的重要特征,"共同富裕"战略目标对于今天跻身世界竞争格局下的中国时尚产业而言,则意味着对基本盘的巩固。新增富裕人口带来的消费结构性变化,也将直接利好以奢侈品为代表的时尚消费市场。

(三)共同富裕有利于实现乡村时尚产业的发展

协调发展蕴含着高质量发展的巨大潜能,是新发展阶段推动共同富裕的关键。随着区域性整体贫困得到解决和小康社会的全面建成,我国在团结带领人民创造美好生活、实现共同富裕的道路上迈出了坚实的步伐,但发展不平衡不充分问题仍然突出,城乡区域发展差距较大,必须着力推进城乡融合和区域协调发展。全面推进乡村振兴,促进城乡融合发展。扎实推进共同富裕,最艰巨、最繁重的任务仍然在农村。破除城乡二元结构、增强城乡要素有序流动活力,对缩小城乡发展差距、全面推进乡村振兴、加快农业农村现代化发挥着"稳底板"的作用。为了全面推进乡村振兴,各地在坚持农业农村优先发展的"总方针"和城乡一体化发展的"新路径"中努力做好"三农"工作,按照"产业兴旺、生态宜居、乡风文明、治理有效、生活富裕"的总要求,促进农业全面升级、农村全面进步、农民全面发展。要创新乡村人才工作体制机制,充分激发乡村现有人才活力,把更多城市人才引向乡村创新创业。通过"筑巢引凤"吸引外部人才下乡,"引凤归巢"吸引劳动力回流。通过产业提质增效推动乡村高附加值农业、数字农业、智慧农业的联动发展。提高农村聚合资源要素的内生发展能力,改变资源要素从农村单向流出的局面,促进城乡资源要素的双向流动,实现工农互惠与城乡融合。充分尊重广大农民意愿,调动广大农民积极性、主动性、创造性,把广大农民对美好生活的向往化为推动乡村振兴的动力。通过一系列实现共同富裕的积极手段,为乡村时尚产业吸引了人才、促进了相关时尚产业模块的新技术发展、调动了广大农民参与时尚企业生产的积极性,实现了乡村时尚产业的发展。

三、案例分析:非遗传承有创新,融合发展促共富的地方实践——浙江非遗传承助力共同富裕

2021年5月,为实现党的"十九大"中提出的"2035年全体人民共同富裕"这一目标,中共中央、国务院联合发布《关于支持浙江高质量发展建设共同富裕示范区的意见》(以下简称《意见》),《意见》明确指出,浙江省在实施共同富裕示范区建设过程中,具有较强的试点基础和先天优势,潜力巨大。在全国层面,选取浙江省作为共同富裕示范区建设的省域范例,为实现全国共同富裕提供更为丰富的实践经验和有效途径。《意见》提出"到2025年,浙江省推动高质量发展建设共同富裕

示范区取得明显实质性进展。……到2035年，浙江省高质量发展取得更大成就，基本实现共同富裕。"

为了达成党中央、国务院的战略部署，浙江省根据自身特点和实际情况，制定了更为详细的政策规划。2021年6月，中国共产党浙江省第十四届委员会第九次全体会议通过《浙江高质量发展建设共同富裕示范区实施方案（2021—2025年）》，主要包含经济发展、城乡差距、精神文明建设、美丽浙江等内容。按照"每年有新突破、5年有大进展、15年基本建成"的安排，全面落实《意见》所要求的"两阶段发展目标"。"传承弘扬中华优秀传统文化，打造具有代表性的浙江文化符号和文化标识……"是其中的重要内容，也在建设过程中，成为促进地方共同富裕的重要手段。

要让活态的乡土文化传下去，深入挖掘民间艺术、戏曲曲艺、手工技艺、民族服饰、民俗活动等非物质文化遗产。非遗是中华文明绵延传承的生动见证，铭刻着中华传统文化的"根"与"魂"。近年来，党和国家高度重视非物质文化遗产的保护传承工作，多次考察非物质文化遗产项目，作出了一系列重要指示。"十四五"规划纲要明确，要深入实施中华优秀传统文化传承发展工程，强化重要文化和自然遗产、非物质文化遗产系统性保护，推动中华优秀传统文化创造性转化、创新性发展。保护传承非物质文化遗产，不能将其仅仅当成活在博物馆里的古董，而应活态传承，让其成为富有生命力的"活化石"。非遗的生命力，就在于其是可见、可亲、可参与的现实生活。在解决浙江本省部分地区收入分配或居民收入差距悬殊的过程中，当地政府积极创新，在有效推动中华优秀传统文化创造性转化、创新性发展，切实推进非遗系统性保护的同时，全链发力推进非遗系统性保护特色活动，助力乡村振兴，推动共同富裕，让非遗在实践中传承发展，为非遗注入满满生命力，让非遗在新时代焕发新的生机。

（一）构建多种传统工艺工作机构

浙江突破非遗单体保护思维，能够发挥整体优势，寻求联创共享，建设多种传统工艺工作机构，为非遗传承奠定坚实基础。2022年以来，浙江省非遗保护以省级文化传承生态区建设、传统工艺工作站建设、非遗工坊建设为抓手，在全省建立省级传统工艺工作站20个（含创建），市、县级传统工艺工作站14个，省级非遗工坊87家，市级非遗工坊131家，县级非遗工坊841家。34个传统工艺工作站引领164个传统工艺项目，整合高校、研究机构、大型文创公司等力量，围绕"研究、研发、研培"核心任务，切实发挥平台作用，以当地非遗工坊为支撑，打造文化标识、振兴传统工艺、深化文旅融合、扩大传承人群、形成产品矩阵、做强相关产业，提升非遗助力乡村振兴和共同富裕的能力和水平。

（二）探索新路径实现非遗保护

浙江作为国家文化和旅游部非物质文化遗产司"推动传统工艺高质量传承发展"和"非遗助力乡村振兴"双试点省份，以两个试点任务为核心，在全省范围开展了"非遗助力共富"试点县（市、区）工作，指导和支持各地先行先试，成效显著。在试点实践中，针对知识产权保护、传统工艺创新发展、非遗与旅游融合等核心问题，各地积极探索传统工艺创新发展与渠道建设的路径，从原材料改良到工艺创新、从设计创意到销售渠道、从用户需要到品牌建设等各方面创新推进非遗保护。在全省上下的积极努力之下，截至2023年5月，各级非遗工坊销售额53.1亿元，培训各类人员近2万人，吸纳就业人数16.37万人，产业链延伸带动就业552.7万人。2022年，文化和旅游部等三部委评选公布66家全国"非遗工坊典型案例"，浙江省"中泰竹笛"等4家工坊入选。

（三）联合各大平台资源共建新渠道

非遗传承与科技创新、商业渠道、宣传推广密不可分，如何在提升非遗社会能见度的同时，帮助非遗产品打开市场，进而增加传承人群的收入和市场主体的活力，是大家关注度和讨论度最高的话题。浙江省非遗保护机构积极运用数字化手段，通过"平台+数据""电商+服务""直播+带货"等形式，让浙江非遗"动"起来、"活"起来。今年3月，桐庐"新合索面"非遗工坊的"新合索面·盒马鲜生"（杭州解百店）首店开业，通过盒马新零售将非遗特色美食呈递到千家万户。还通过"云探非遗工坊"的形式，与来自五湖四海的观众一起云游非遗工坊，宣传推介，线上展销。在技艺创新方面，"宋韵薪传"传统工艺工作站就丝蛋白技术、丝绸复古技术、"丝绸+"项目、国潮文创产品等丝绸具体方向的应用进行研发创新，引进ICOLOR数字化色彩管理系统，对108个工序节点进行了数字化改造和标准化制定。此次活动还邀请了淘宝、抖音等平台参与合作共享，邀请浙江大学、浙江中医药大学、中国茶叶学会等高校和机构参与合作共创，将开启浙江非遗从着眼产品销售到生活方式推广、从传统产品呈现到"非遗+万物"的应用场景、从体验传统文化到参与构建文化传统的转变，实现消费人群破圈。随着5G、AI、VR、AR技术的进一步普及应用，非遗数字化在浙江已经成为新潮流、新趋势。

（四）聚焦现代审美和生活需求创新传统产品

1.创新设计生产符合现代审美的产品

各家非遗生产机构针对消费需求的变化，在传统工艺的基础上，推陈出新。如嵊州竹编非遗工坊由嵊州当地一家手工工厂——嵊州市大志然工艺竹编厂牵头建设运营。该厂在传承传统技艺的基础上，不断进行理念更新和产品创新，设计生产了不少符合现代审美和生活需求的竹编产品，推出了符合年轻人喜好的研学课程，并积极与清华大学美术学院、中国美术学院等高校专家合作，举办非遗传承人高级研修班，开设研修课程，鼓励非遗传承人提升文化自信，增进对非遗技艺与现代科技、时尚融合的认识思考，增强非遗保护传承意识。

2. 打造了"非遗+旅游"新型产品模式

在浙江全省各地，"非遗+旅游"的创新产品如雨后春笋般涌现。串联全省非遗景区景点的16条浙江主题非遗旅游线路，集本土文化美食特色的三百多个浙江省优秀非遗旅游商品，以及各具风味的18家非遗主题民宿等，一系列非遗文旅产品融入了百姓生活，为旅游注入了更加优质、更具吸引力的文化内容，也为全省非遗保护传承发展注入了强大的内生动力。例如，紫荆村是全国有名的竹乡，村内笛竹定向培植标准化示范面积达1.28万亩，居全国前列。近年来，紫荆村积极发挥中泰"竹笛文化"产业优势，努力打造以中泰竹笛非遗工坊为代表的非物质文化遗产传承地。在上万平方米的非遗工坊内，设有竹笛展示馆、竹音广场、竹笛手工制作体验馆等场所。这些场所空间功能划分明朗，可较好地满足笛竹种植、技艺体验、文化展示、竹艺演奏等需求，有效延长了游客停留时间，拉动了住宿、美食等多元化消费，让本村及附近村庄的村民享受到非遗带来的惠利。

（五）注重技艺的传承

非遗是直接依靠人、作用于人的活态传承，保护非遗的关键也在于人。近年来，浙江着力推进非遗人才队伍建设，制定发布《浙江省非物质文化遗产保护发展"十四五"规划》等政策，组织开展研修研习培训、技能大赛等活动，不断提高全省非遗传承人群的实践水平和传承能力，壮大非遗人才队伍。例如，杭州市桐庐县新合乡引坑村有着上千年的索面历史。新合索面制作技艺是当地人世代相传的一门手艺。为了提高经济效益，避免新合索面技艺面临后继无人的困境，当地政府投资四百余万元建立新合索面非遗工坊，实施统一品牌、统一标准、统一原料、统一包装和统一销售的"五统一"管理，让全乡原本分散的新合索面"小作坊"联合起来，推动"1+N"食品小作坊集聚园区提档升级，形成品牌效应，逐步推进产业化转型，也让新合索面打出了名气。随着新合索面知名度越来越高，市场需求量也越来越大，村民回归乡村制作索面的积极性有了较大提升。工坊还建立了新合索面手工制作培训基地，开授新合索面手工制作课程，并提供免费培训名额，鼓励对新合索面制作技艺有兴趣的村民报名参加。

（六）提升居民收入

提升居民收入，实现共同富裕，也是推进"非遗传承"的重要目标之一。奉化的蓝印花布在奉化人的生活中是至关重要的生活用品，直到20世纪70年代，蓝印花布才逐渐淡出人们的生活，如今的蓝印花布大多是工业印染。张剑峰是奉化人，13岁跟着母亲学习染布，毕业后一直在浙江纺织服装职业技术学院从事布艺设计相关的教学和研究工作。2016年，她想做传统蓝印花布，于是前往云南大理、贵州黔东南等地寻找古老的技艺，最终师承国家级蓝印花布传承人吴元新。2021年11月，在学校的支持下，成立了"张剑峰非遗科研创新团队"。该团队一直积极推动非遗助力乡村振兴工作，促进非遗保护传承在经济社会可持续发展中发挥更大作用，成立了"喜曼蓝富"共富工坊，落地奉化区西坞街道雷山村，张剑峰被聘为助富专家导师。工坊落地以来，张剑峰老师带领"非遗科研创新团队"成员于春阳、周艳、巴桂玲，通过"非遗+来料加工+乡村振兴"的致富模式，举办10余场"家门口就业女红制作培训"，教当地的村民学习新技艺，实现非遗活化，使传统工艺、传统民俗与当地的共享田园良性互动，促进了文旅融合发展。活色生香的非遗，助力雷山村成为"城市客厅"，奉化民众和各地游客无不为非遗的文化味、精致性而倾倒。目前，喜曼蓝富工坊已带动村里30余位女性开展来料加工制作，人均增收近3000元；带动20批次3000余人来到雷山村开展非遗研学体验，并促进当地居民进行咖啡吧、餐饮等形式的创业，带动了当地乡村旅游生态经济。

四、非遗时尚助力共同富裕的发展路径与建议

党的"二十大"报告指出，要坚持创造性转化、创新性发展，传承中华优秀传统文化，满足人民日益增长的精神文化需求，尤其要"加大文物和文化遗产保护力度"。非遗，是一种文化资源，更是一种发展资源。根据"揭示非遗本源、激发非遗活力、连接现代生活、绽放时代光彩"的试点基本方略，通过更加重视对非遗资源的挖掘，不断探索非遗传承与创新，强化有力的市场导向，探索更为立体全面，经济效益与社会效应更加协调有效的生成业态，促进非遗文化与市场接轨，让非遗文化真正"活"起来，更具文化味和烟火气，成为点燃城乡"共富"的"新引擎"，使更多的市民享受到非遗成果带来的红利。

浙江省着力构建科学完善的、持续探索非遗与旅游融合发展的有效路径，深入落实传统工艺振兴高质量传承发展的良好举措，努力提高非遗在浙江省共同富裕示范区建设中的参与度和贡献度，致力于形成可向全国复制推广的工作经验、工作机制和工作模式，相关工作取得积极进展。在通过研究浙江推进非遗时尚助力共同富裕的过程中发现，构建保护传承体系、人才队伍体系、发展振兴体系和传播体系等四个方面的科学完善体系，是相关工作取得积极进展的重要因素。

（一）以政策促发展

为了有力保护和支持非遗传承的发展，浙江省积极投建保护传承体系。一是积极贯彻落实中共中央办公厅、国务院办公厅印发的《关于进一步加强非物质文化遗产保护工作的实施意见》，明确提出了打造建设全国非物质文化遗产传承发展示范区和样板地的目标"到2025年，力争基本建成全国有影响力的非遗强省；到2035年，力争全面形成具有浙江特色的非物质文化遗产保护新格局。"在政策的支持之下，浙江是成为我国开展非物质文化遗产保护较早的省份之一，其保护成果居全国前列。二是全省各地坚决执行。浙江在"八八战略"中明确指出，要"进一步发挥浙江的人文优势，积极推进科教兴省、人才强省，加快建设文化大省"。多年来，浙江全省各地深刻理解、忠实践行"八八战略"，坚定不移地用"八八战略"引领浙江共同富裕和现代化先行。在这一过程中，高度重视保护传承非遗文化，充分发挥文化产业的多重功能价值，增强地区可持续发展活力，让非物质文化遗产在新时代焕发出新的生机。在传承中华优秀传统文化的同时，古老非遗必将成为全面推进乡村振兴的一把"金钥匙"。三是加大资金支持。省内县市每年都会安排专项资金支持非物质文化遗产传习基地和非遗民俗基地建设。例如，嘉兴市每年对全市非物质文化遗产传习基地进行考核，分别给予优秀2万元、良好1.5万元、合格0.8万元的一次性奖励。此外，每年安排专项保护经费100万元，对成功创建嘉兴市级及以上的民间文化艺术之乡、文化传承生态保护区、非遗主题小镇、民俗文化村、非遗体验点等非遗民俗基地的，分别给予国家级3万元、省级2万元、嘉兴市级1万元的一次性奖励。

（二）以规划促规模

浙江省对非遗工坊产业发展进行统筹布局，以到2025年实现"一镇一馆一工坊"为目标，积极助力开展非遗工坊评选和建设。对全省非遗资源进行系统摸排，研究非遗产业转化道道；着重对非遗文旅消费、非遗工坊建设等进行系统布局，推动形成体系化、链条化、规模化发展；加强非遗数据采集、展示展演等方面的标准化研究；根据规划和标准，制定出台操作性强、落地率高的政策指导意见；落实落细具体牵头部门，并在用地、资金补助、知识产权保护等方面予以明确规范。

（三）以人才激活力

浙江省加大对非遗工坊人才的培育力度。围绕非遗助力共同富裕研究调题，推动非遗保护机构与高校开展合作，升展优秀实践案例和创新案例遴选；紧扣推动"传统工艺高质量发展"和"非遗助力乡村振兴"核心任务，将培育传统非遗产业与建设非遗人才队伍协同推进，通过举办非遗助力共同富裕专题研修班等活动，促进非遗传承人群与相关领域专业人员开展合作交流，激发非遗传承发展活力和共同富裕动力，让非遗技艺"活"起来，群众生活"富"起来；加大非遗普及教育力度，探索非遗文化融入全日制高等教育和职业学校的实践与推广，加强培训，了解非遗、学习非遗、传承非遗；积极推动"非遗进校园"等活动，从娃娃抓起。为非遗工坊提供源源不断的技术人才资源。

（四）以示范树品牌

浙江省着力打造非遗工坊浙江品牌化战略，开展品牌培育行动计划，形成一批高知名度的非遗产品品牌。非遗工坊的培育过程中要突出浙江味，做好有区域特色的非遗品牌IP、地理标志体系建设，扩大非遗影响力。如少数民族集聚的丽水市，可进一步推动龙泉青瓷工坊、青田石雕工坊等具有鲜明丽水文化特色的非遗工坊打造，"一县一品"打造区域特色品牌；在品牌培育中积极探索"非遗+"产业的融合发展，带动非遗生产性转换、创新性发展，不断提高工坊生产能力和产品品质，推出符合时代特征、融入当代生活和具有知识产权的产品系列；在培育中要用好数字化手段拓宽销售渠道，在电商、新媒体等线上线下渠道的助推下，让非遗项目插上翅膀、走出乡村，飞向"寻常百姓家"的广阔市场。

（王婧倩　北京服装学院人事处

刘颂　中咨顾问管理有限公司）

参考文献

［1］中共中央文献研究室. 建国以来重要文献选编［M］. 北京：中央文献出版社，2011.

［2］邓小平. 邓小平文选（第3卷）［M］. 北京：人民出版社，1994.

［3］李军鹏. 共同富裕：概念辨析、百年探索与现代化目标［J］. 改革，2021（10）.

［4］蒋永穆，张晓磊. 共享发展与全面建成小康社会［M］. 思想理论教育导刊，2016（3）：74-78.

［5］郝立新，王为民. 把握社会主义现代化建设的本质　促进人的全面发展［J］. 马克思主义研究，2003（2）：2-8.

［6］中共中央马克思恩格斯列宁斯大林著作编译局. 马克思恩格斯文集（第2卷）［M］. 北京：人民出版社，2009.

第六章 人类命运共同体与中国时尚产业

党的"二十大"报告把推动构建人类命运共同体作为中国式现代化的本质要求之一，以中国式现代化为桥梁和纽带，把中华民族伟大复兴与全人类的前途命运紧密联结起来。以纺织服装服饰为代表的中国时尚产业现代化是践行构建人类命运共同体使命的重要抓手。在中国式现代化过程中，时尚产业更应勇担时代责任，坚定朝着构建纺织服装命运共同体目标迈进，为构建人类命运共同体发挥更多作用。

一、中国时尚产业国际化发展成效

当前，中国时尚产业以规模庞大、稳定顺畅、高度开放的产业循环，积极推动国际化进程，带动全球资源要素高效流动。

（一）产业规模全球领先

"十三五"期末，我国纺织纤维加工总量达5800万吨，占世界比重的50%以上，化纤产量占世界比重超过70%。2022年，主要产品纱、布、化学纤维、合成纤维产量分别为2719.1万吨、467.5亿米、6697.8万吨、6154.9万吨。我国纺织品服装出口稳居全球第一，2022年中国纺织品服装出口额3245.9亿美元，占全球32%，其中，纺织品1231.4亿美元，成衣1466亿美元，鞋类438.6亿美元。

（二）处于国际供应链核心地位

以纺织服装服饰行业为代表的时尚产业是我国国际合作与融合发展的优势产业。近年来，行业国际投资合作水平稳步提升，在全球纺织供应链中的地位也得到持续增强。过去十年，中国纺织业对外直接投资存量接近120亿美元，涉及化纤、纺纱织造、印染、服装、家纺、产业用纺织品等产业链各环节，投资项目分布在东南亚、非洲等100多个国家和地区。特别是"一带一路"倡议提出以来，我国与"一带一路"沿线国家贸易额持续增长。回首"一带一路"倡议提出至今十年间的发展，我国与沿线国家纺织品服装进出口贸易总额从1076.3亿美元增加到1404.9亿美元，累计增长30.5%。2022年，我国对"一带一路"沿线国家出口纺织品服装

1262亿美元，约占行业对全球出口比重的40%，同比增长11.1%，高出行业对全球出口增速8.5个百分点。与此同时，中国自"一带一路"沿线国家进口纺织品服装超过130亿美元，同比增长25%以上。此外，对"一带一路"沿线国家累计直接投资金额占对全球投资总额的比重也超过40%，加强与"一带一路"沿线国家的合作对于推动出口市场多元化、减轻外部需求冲击起到积极作用，行业外贸结构得到进一步优化。

（三）境外纺织服装园区加快建设

棉纺企业和针织企业是我国在境外投资建设生产加工基地最多的领域，投资主体基本都是国内的龙头骨干企业，投资区域集中在越南、柬埔寨、缅甸、马来西亚等东南亚国家，以及以埃及、埃塞俄比亚为代表的非洲国家。我国棉纺企业在越南投资已经超过200万锭，如天虹集团是越南最大的纱线生产企业，山东鲁泰的投资包括6万纱锭和3000万米色织面料，华孚色纺的投资有30万纱锭和1万吨染色，百隆东方的投资有50万锭。织造、印染、梭织服装和化纤领域跨国配置资源的境外投资也开始出现。近两年来，梭织服装企业开始将一些工艺相对简单的大批量产品转移到东南亚和南亚海外基地生产，例如，山东迪尚集团在孟加拉国、柬埔寨、越南和缅甸投资建厂，山东鲁泰在缅甸投资生产衬衫，江苏恒田在缅甸投资2个制衣厂。山东鲁泰和山东华纺在越南投资的面料项目都包括印染环节，2019年，江苏联发股份发布投资公告称，将在印尼投建年产6600万米高档梭织面料的项目，总投资约为1.9亿美元。

（四）时尚文化及行业国际交流日益频繁

纺织服装行业是我国最早践行"走出去"政策的行业之一，在"走出去"过程中积极推进时尚文化及行业国际交流。2013—2023年，先后举办的五届"中国纺织业'一带一路'大会"已经成为行业内以国际布局和"一带一路"合作为主题的最具权威性和专业性的盛会。中国纺织国际产能合作企业联盟自2017年成立以来，在国家发改委等相关部门指导支持下，按照中国纺织工业联合会的要求和部署，紧密围绕"桥梁协作""投资促进活动"和"信息研究"三大服务平台开展各项工作，取得了较好的成绩。从建立澜湄地区纺织服装产业对话长效合作机制，到设立海外联络处，形成链接全球的沟通对接网络，联盟主动作为扩大国际交流"朋友圈"，积极整合海外资源，陆续与柬埔寨、缅甸、越南、埃及、赞比亚、贝宁和墨西哥7个国家的行业组织、工业园区、中资企业、咨询机构签订谅解备忘录，为纺织企业的全球化高质量发展服务。

二、提升时尚产业国际竞争力存在的问题

（一）国际市场竞争加剧

目前，我国纺织服装产业发展正面临发达国家"再工业化"和发展中国家加快推进工业化进程的"双重挤压"。发达国家在科技研发和品牌渠道方面优势明显，在高端装备、高性能纤维、智能纺织品服装等领域的制造能力持续增长；发展中国家劳动力成本优势明显，随着区域性贸易协定的实施将降低有关国家贸易成本，印度、越南、孟加拉国、巴基斯坦等发展中国家纺织业呈明显上升趋势。

当前，全球产业链供应链格局正在加速调整，本土化、区域化、分散化趋势凸显。虽然我国仍为全球大多数国家纺织品服装进口的首要来源国，但在主要国际市场中的份额，特别是在国际服装市场中的占比正逐渐下降。2022年1—11月，美国、日本自我国进口纺织品服装占自全球进口比重分别为24.9%、55.7%，分别低于上年同期2.9、1.1个百分点；美国时尚产业协会发布的2022年度报告显示，美国品牌商对我国依赖度不断下降，近1/3的受访企业2022年在我国的采购额未超过其采购额的10%，80%的企业计划在未来两年继续减少从我国采购。2022年1—10月，欧盟自我国进口纺织品服装占自全球进口比重为32.5%，低于上年同期0.7个百分点。

（二）国际时尚话语权有待提升

麦肯锡选取时尚消费市场、品牌竞争力、产品设计力、供应链成熟度四大指标，评估了我国与其他国家市场时尚产业的综合竞争力。评估结果表明，我国在生产制造供应链环节优势明显，时尚消费市场规模庞大，但是在品牌竞争力和设计引领程度上，与时尚领先市场仍有明显差距，国际时尚产业话语权有待提升（图6-1）。

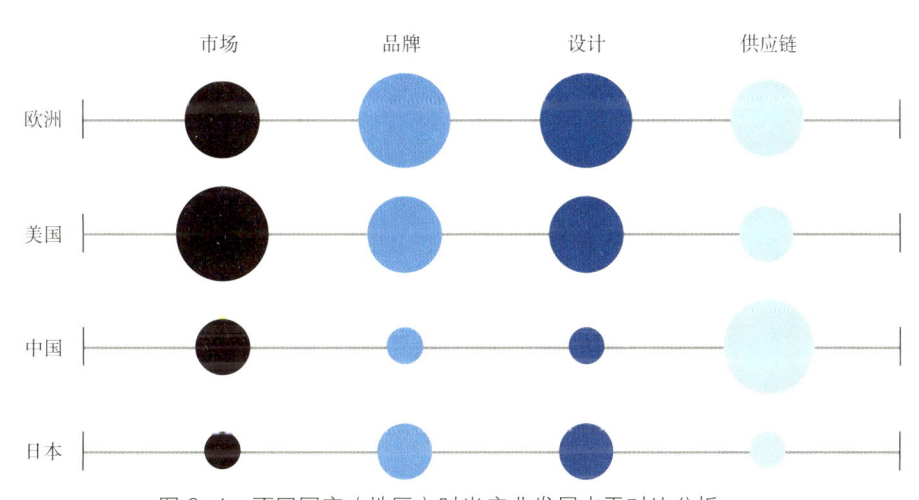

图 6-1 不同国家（地区）时尚产业发展水平对比分析

资料来源：麦肯锡《2022中国时尚产业白皮书》

例如，全球Top 50的鞋服企业中，中国虽然数量占比达18%、排名第三，但总体规模和排名仍相对靠后，仅占Top 50零售额的10%。尤其值得关注的是，中国头部服装企业的海外布局明显落后于其他国家，除SHEIN（希音）外，其他品牌海外销售占比几乎为0。又如，我国时尚设计相较其他国家起步晚，在时尚设计院校排名和时尚设计大奖获奖人数上均显著落后于欧洲和美国。对比日本，虽然院校和获奖人数相对较少，但不乏如三宅一生、山本耀司、川久保玲这样具有国际影响力的设计师品牌，小众设计师品牌也层出不穷。

（三）非关税壁垒成为影响"走出去"的重要因素

当前，知识产权、碳减排乃至政治因素等非关税壁垒正成为影响时尚产业"走出去"的重要因素。例如，中国虽然是世界第一大加工厂，但国内纺织服装企业的规模参差不齐，企业大多是贴牌生产或代工模式，产品质量和品牌建设与发达国家相比还存在一定的差距，全行业的知识产权水平较低，专利、外观设计和商标，特别是商标，成为我国纺织品服装贸易知识产权侵权问题的重灾区。又如，欧盟委员会对外公布欧盟碳边境调节机制（CBAM）过渡期实施细则于2023年10月1日起正式生效，一直持续到2025年底。据世界银行研究报告称，如果"碳关税"全面实施，在国际市场上，中国制造可能将面临平均26%的关税，出口量可能因此下滑21%。其中，我国出口的纺织品碳排放量达到1.54千克/美元，而欧盟的出口纺织碳排放量仅为0.24千克/美元，两者相差6倍之多，这也意味着我国纺织出口在未来需要付出更多碳税，这也将直接影响我国纺织服装产品出口竞争力。

三、人类命运共同体建设背景下我国时尚产业发展的对策建议

在中国式现代化进程中，立足建设人类命运共同体，我国时尚产业要不断融入全球产业体系，全力保障和支撑全球纺织服装服饰供应链平稳运行，助力构建世界纺织服装命运共同体。

（一）推进产业链升级，增强行业国际竞争力

要把对关键纺织机械、高性能纤维等短板领域的发展上升到制造强国战略的高度，坚持以市场为导向，以企业为主体，推动"产学研"建立长期稳定的供应链合作关系，构建产业创新联盟。加强创新资源整合，发挥国家重要科研基地的引领辐射作用，加快创新服务平台建设。加强共性技术研发和推广应用，特别是关系行业发展的重大关键技术、共性技术、基础工艺技术、重大装备和新技术的研发等。支

持纺织服装企业创建自主品牌。要加强应用数字化、网络化、智能化技术，对时尚产业链不同环节、生产体系与组织方式、企业与产业间合作等进行全方位赋能。加快运用物联网、大数据、云计算、人工智能、5G、区块链等信息网络技术，大力发展纺织服装工业互联网，促进产业内的人、物、服务以及企业间、企业与用户间互联互通、线上线下融合、资源与要素协同，优化工艺流程，减少劳动力需求，提升全要素生产率，提升产业国际竞争力。

（二）强化自主品牌建设，提高国际时尚话语权

培育壮大时尚自主品牌。对标国际最高最好最优，支持纺织材料、服装服饰、珠宝首饰、家具、眼镜及美容美发美妆等时尚领域企业注册国际商标，提升区域品牌的国际影响力，创建世界级时尚品牌。引进国际时尚品牌。积极引进国际顶尖品牌和高品质的中高端品牌，吸引世界著名时尚产品进驻；通过投资、收购、兼并、特许等方式，整合国际时尚品牌销售渠道，汇聚国际高端时尚品牌；吸引国际设计大师来国内建立工作室、创立时尚品牌。大力引入国际专业品牌运营管理团队及服务。推动本土优秀时尚品牌出海。支持具备一定规模的时尚企业构建多品牌矩阵，推动多品牌布局及出海。支持时尚类企业参与国际展览、赛事等活动，在主流时尚媒体、新媒体、城市公共空间、大型购物中心推广本土优秀时尚品牌。

（三）开拓新兴市场，稳妥有序进行国际布局

鼓励支持有实力的行业企业根据自身国际化发展需求，稳妥有序进行海外产能布局。在优质产能"走出去"基础上，引导和鼓励企业探索自主品牌"走出去"的发展道路，摆脱单一的"接单生产"方式参与国际供应链体系，逐渐减轻对国际品牌商的订单依赖。加强对纺织工业海外投资指导，提高国际布局效果。引导企业继续整合国际产业链、价值链高端资源，包括高端制造能力、品牌及渠道、研发技术资源等；投资纺织原料基地，弥补国内天然纤维和石油资源短缺不足。支持企业充分利用好"一带一路"倡议、RCEP等带来的重要战略机遇，加强与亚洲地区多双边产业间合作，积极开拓非洲、中东欧、大洋洲、拉美等新兴市场，通过重点合作项目共同实现产业发展与升级。以纺织产业园为抓手，上下游抱团出海，挖掘新增长点。

（四）积极扩大内需，促进时尚产业内外双循环

面对当前的形势和挑战，党中央确立要"逐步形成以国内大循环为主体、国内国际双循环相互促进的新发展格局"。对于时尚产业来说，要格外注重内外双循环的机制运用，从全球价值链的角度出发，牢牢把握RCEP、"一带一路"倡议的发展

机遇，不断深化与其他国家的协同互进，加快纺织服装产业链的相互融合，形成一体化市场。要合理进行国内产业布局，重视国内消费需求，采用出口转内销的贸易方式，消化库存、使资金回笼，以促进纺织服装企业内外贸易对接，使国内与国际贸易接轨，加大企业的资金周转，提高国际竞争力。

（五）强化风险管理，促进企业高质量"走出去"

整合政府主管部门、龙头企业、行业协会等资源，加强纺织服装国际贸易风险管理和合规管理研究，引导企业树立对外投资合作的整体安全观，强化ESG风险管理意识，综合考量因时而变的内外部环境，在切实维护自身海外权益的基础上促进境外经营活动的合规性和稳健化，探索新的发展机遇。

（熊兴　北京服装学院时尚研究院）

参考文献

［1］任继江．中国纺织服装企业走出去的知识产权问题探析［J］．中原工学院学报，2018（10）：60-65．

［2］于小植．从"文明冲突论"走向"文化冲和说"——构建"人类命运共同体"的中国智慧［J］．清华大学学报（哲学社会科学版），2023（1）：19-29，218．

［3］赵可金．新文明观视域下的世界文明交流互鉴［J］．当代世界，2022（8）：16-21．

［4］李凯旋．"绿色化"：欧洲共产党适应性变革的生态维度［J］．当代世界与社会主义，2021（2）：91-97．

［5］王健清，贾凌昌．中国特色社会主义共同理想：价值、内涵与路径［J］．求实，2012（6）：70-72．

第四篇

区域创新篇

第七章　北京：传统文化与时尚产业发展

一、优秀传统文化的内涵与特征

(一)优秀传统文化具有深厚内涵和深刻的理论思想体系

优秀传统文化是中华民族在历史发展的长河中逐步形成的，是我国人民在生产、生活中通过对丰富经验的总结和凝练。无论是有形的实体产物还是无形的文化思想都具有深厚的内涵和深刻的理论思想体系，其历史价值、文化价值、经济价值和社会价值不可估量。优秀传统文化的时代价值不仅可以通过文献经典、文化器具等客观物体来呈现，还可以通过思维观念、性格特征、行为举止、风尚习俗等广泛地进行延续与发展。

中华优秀传统文化是全国各民族人民及海外华侨同胞共同书写创造的。各族人民在文化、生活习俗之间虽然存有差异，但也有共性，正是这些差异与共性的并存，使各族人民在差异中包容，形成了共同的文化价值认同和身份认同等。同时，在民族文化的交流共鉴中，各族人民取长补短、博采众长，构建了共同的价值观体系与强大的文化内核。

(二)优秀传统文化具有强大的包容性、开放性与生命力

中华文明突出的包容性从根本上"决定了中华文化对世界文明兼收并蓄的开放胸怀"，中华文明突出的和平性"从根本上决定了中国始终是世界和平的建设者、全球发展的贡献者、国际秩序的维护者"，向国际社会阐明了中华民族拥有开放包容的文化自信，中华民族以世界和平发展为己任，致力于建设中华民族现代文明、构建人类命运共同体。

正是由于中华优秀传统文化的这种包容性，才能够使其不断发展进步。首先，在中华文明源起和成长发展中，中国人民对宇宙、自然、地理展开观察和思考，对大自然无私奉献、包容赠予的感悟日渐深入，凸显了中华民族深沉而厚重的自然观和世界观，彰显了中华文明与世界其他文明不同的博大胸襟。

其次，优秀传统文化的包容性彰显了文化自信的态度。党的"十九大"报告指出："没有高度的文化自信，没有文化的繁荣兴盛，就没有中华民族伟大复兴。"党的

"二十大"报告提出:"推进文化自信自强,铸就社会主义文化新辉煌。"文化自信熔铸于中华优秀传统文化、革命文化和社会主义先进文化的具体实践之中。"人类文明因包容才有交流互鉴的动力",具有包容与融合特质的文化才是大气、厚重、有底蕴的文化,具有善于吸收与借鉴特质的文化,才是鲜活、强壮、有生命力的文化,这是我们不断坚定文化自信的深厚底气,是我们得以保持自身文化坐标立场的精神根基。

最后,中华文明在包容中成长,在包容中发展,在包容中创新,不仅滋养中华民族创造了一个又一个文明奇迹,而且使中华文明传播到世界各地,给世界持续贡献中国智慧、中国精神、中国力量,有效地维护了世界文明的多样性。

(三)推动优秀传统文化创造性转化和创新性发展是时代要求

优秀传统文化并非只是一种历史性存在,它应当也必须从历史深处走入当代社会,展现其不可或缺而又非凡无比的当代价值。"要加强对中华优秀传统文化的挖掘和阐发,使中华民族最基本的文化基因与当代文化相适应、与现代社会相协调,把跨越时空、超越国界、富有永恒魅力、具有当代价值的文化精神弘扬起来。""让收藏在博物馆里的文物、陈列在广阔大地上的遗产、书写在古籍里的文字都活起来,让中华文明同世界各国人民创造的丰富多彩的文明一道,为人类提供正确的精神指引和强大的精神动力。"

近年来,优秀传统文化正在不断融入现代生活,逐步成为一种新的时尚潮流。一方面,中华优秀传统文化正在与时尚元素融合,成为服装鞋帽、美食茶饮等消费品行业探寻品牌活化路径与突破发展困境的成功密码。另一方面中华优秀传统文化正在融入数字新科技。随着5G、大数据、人工智能、虚拟现实、全息投影等数字技术的成熟,历史文化遗产开始以全新的形象进入大众视野。例如,故宫博物院通过数字化全景将故宫文物进行全景虚拟展示,让人们足不出户就可以沉浸式畅游故宫。"数字敦煌"通过文化遗产的数字化复原再现、VR、AR等技术实现敦煌文化数字化,满足人们线上观赏、研究的需求。国潮元素借助科技手段得以展现,彰显出我国优秀传统文化的独特内涵与强大的艺术表现力。

为此,我们要深入发掘与着力激活中华优秀传统文化的生命力,深化推动中华优秀传统文化创造性转化和创新性发展,这是中国特色社会主义事业发展的基本要求,也是建设社会主义文化强国的重大任务;是我们进行文化交流互鉴的有效路径,也是增强文化软实力并走向世界的重要举措。

二、北京传统文化与时尚产业融合发展的意义

中国式现代化是物质文明和精神文明相协调的现代化,能促进全体人民精神生

活共同富裕，促进人的全面发展。首都在地理区域层面体现为"城"，政治属性表现为"都"。围绕"都"的功能谋划"城"的发展，以"城"的更高水平发展服务"都"的功能，是首都工作的要义。

从远古发展到现代，北京的传统文化无一不彰显着古都风韵、首都风范与时代风貌。三条文化带——大运河文化带、长城文化带、西山永定河文化带承载了北京"山水相依、刚柔并济"的自然文化资源和城市发展记忆，是北京文化脉络乃至中华文明的精华所在。三千多年的建城史、八百七十年的建都史，丰富的生态资源、深厚的历史文化资源，都是当代北京城市建设的财富。随着北京历史文化名城保护和全国文化中心建设工作的不断推进，对于北京优秀传统文化的创造性转化、创新性发展正在成体系、成规模，推动文化资源向文化资产转变，并不断创造出新的文化产品，极大丰富了人民群众的文化生活，引导人民从文化自信迈向文化自强。

（一）传统文化与时尚产业融合发展是以文化现代化助力北京"四个中心"建设的有效举措

在工业时代，以经济实力为代表的竞争力是衡量城市发展水平的最重要指标之一，进入后工业化阶段以来，随着以现代服务业为代表的第三产业占城市经济结构比重不断提升，文化软实力、文化凝聚力、文化产业发展指数等成为城市竞争力的重要体现，是支撑社会经济高质量、可持续发展的强有力支撑。全国文化中心是北京"四个中心"功能定位之一，把首都文化优势转化为首都发展优势，让文化软实力在推动高质量发展中彰显能量，已经成为推进北京率先基本实现社会主义现代化的重要驱动力。推动传统文化与时尚产业融合发展，以文化现代化建设助北京"四个中心"建设，既符合首都功能定位，也符合广大市民的实际需求。

（二）传统文化与时尚产业融合发展是增强首都文化功能，推进文化自信自强的有力实践

党的"十八"大以来，北京把全国文化中心建设摆在新时代首都发展的突出位置，举全市之力做好首都文化这篇大文章。从当前全市文化建设情况来看，虽然取得了显著的成绩和长足进步，但仍然有较大的提升与发展空间。立足全球视野，相较于伦敦、纽约、巴黎等世界级时尚文化名城，北京传统文化产业和现代时尚产业在发展水平、国际影响力和竞争力方面还有较大的提升空间，文化产品和规模还有待拓展。因此，大力推进传统文化与时尚产业的融合发展，充分发挥文化、科技、人才等资源高度集聚的优势，培育出文化新业态、时尚新产品、商业新模式、产业新平台，推动文化与时尚产业加速融合，是助推国际消费中心城市和全球数字经济标杆城市建设的有力抓手，更是新时期推进文化自信自强的有效实践。

三、北京传统文化与时尚产业融合发展现状

(一)传统文化消费活力不断激发

近年来,北京立足"打造特色品牌、带动品质消费",引导公众文化消费升级,激发传统文化创新活力,着力推出一批引领文化产业和文化消费发展的新产品,文化消费活力得到不断激发。数据显示:2023年1—5月,北京全市规模以上文化产业收入合计7665.3亿元,同比增长15.3%,文化产业实现快速增长。特别是自2013年推出北京惠民文化消费季以来,北京在文化惠民、引领消费方面取得了显著成效。十年来,文化消费季累计开展活动2100余项,累计活动开展场次超36万场,累计实现消费人次达51.58亿,直接消费金额1129.23亿元。线下活动消费金额超524亿元,线上活动消费金额超423亿元,实现惠民金额超39亿元。在引导文化消费升级、促进消费产业双向提振、提升城市文化生活风貌等方面交出了亮眼的成绩单,实现了经济效益和社会效益双丰收。

(二)国际时尚之城建设如火如荼

自《北京培育建设国际消费中心城市实施方案(2021—2025年)》发布以来,北京出台多项涉及时尚消费的政策措施,包括引导时尚消费理念、激发时尚消费需求、提升时尚消费供给、拓展时尚消费空间及营造时尚消费环境等,扩大引领首都消费,培育首都经济增长点的新引擎。

例如,朝阳区发布《朝阳区推进时尚之城建设三年行动计划(2023—2025)》,积极孵化新消费品牌,推出首店服务绿色通道,积极吸引国际高端品牌、时尚前沿品牌、原创设计品牌等在朝阳区首发新品,鼓励高端品牌旗舰店、概念店、主力店、买手店等在朝阳区建立首店,品牌首店、新品首发、时尚首秀齐聚朝阳的态势更加凸显。目前,朝阳区初步形成了文态、生态、业态"三态合一"的夜间经济生态圈,"24小时城区"朝阳IP影响力不断扩大。通过鼓励夜间延时经营,引导品牌连锁企业加大24小时便利店合理布局,瞄准"互联网+夜间经济",上线"潮朝阳夜经济消费地图",让市民游客轻松领略夜朝阳魅力。围绕夜游"亮马河"、夜赏"金十字"、夜秀"新朝阳"、夜购"潮商圈"、夜品"中国风""午(五)夜"特色主题,开展新一轮景观亮化工程,为市民提供文体休闲旅游深度融合的沉浸式夜间消费场景。

(三)国潮艺术与城市发展共融共生

近些年,北京不断将国潮艺术融入时尚作品创作展示,传递文化自信。例如,2022年时尚北京展探索新式国风,一众国潮品牌在展览上惊艳亮相:不仅有"溥利

1908""雷蒙·1940""雪莲""铜牛""京冠（JINGGUAN）"等众多家喻户晓的老字号品牌，还有"绿典（gretton）""彼福德（Befonder）""宫溢""天坛""触摸生活（PURE TOUCH）""宇宙迷宫（Cosmic Labyrinth）""百诗成"等众多品牌倾情入驻，更有中华优秀传统文化的特色品牌，北京工美集团携旗下"工美造办""工美文创""京工美作""工美黄金"为观众带来精妙工艺的视觉盛宴。2022年北京时装周将"老字号+国潮""数字+时尚""文创+新消费"设为三条主线，引领联动首都城市文化地标及重点商圈，时尚足迹遍及首钢园、正大中心、王府井步行街、隆福文化中心、望京小街、张家湾设计小镇、前门大街、南锣鼓巷等，促进时尚与城市发展的共融共生。

（四）多元消费场景纷至沓来

此前，《北京市城市更新行动计划（2021—2025年）》提出鼓励北京传统商圈围绕产业结构调整、商业业态优化、空间品质提升、营销模式创新、区域品牌塑造等，进行全方位改造升级，挖掘新消费潜力、提升城市活力。随着一系列政策的发布，北京的时尚消费空间正在呈现脱胎换骨的新格局。目前，全市七成以上的市级文化产业园区，都是由老旧厂房改造而成。百年首钢、郎园Station、隆福寺文创园……越来越多的工业遗产和老商业街区成功转型文化空间，既满足了人们美好生活的新需要，也有效助力了城市更新。

同时，北京消费季的成功举办也让更多文化场景融入时尚消费的过程中。例如，2023年"北京消费季"融合商旅文体多元场景，举办了500余项活动打造时尚消费新场景。中秋国庆期间，"MADE BY 京"汇集30余家老字号新消费潮爆品成为节日网红打卡地，SOLANA蓝色港湾、朝阳合生汇LivePark星空民谣、全民硬核赏月计划、明月华章游园会，华熙LIVE中秋花灯巡游等吸引了诸多市民和游客前来打卡拍照。

（五）数字经济全方位赋能

近年来，随着数字技术全面赋能文化产业，推动供给侧和消费端深刻变革，一批时尚文化新业态应运而生。作为全国文化中心和国际科技创新中心，北京正在大力推动文化与科技融合发展，人工智能、虚拟现实、5G、大数据等新技术的应用，正在为北京传统文化与时尚产业的融合装上"加速器"。作为北京国际科技创新中心和全球数字经济标杆城市建设的重要组成部分，东城区出台了《加快元宇宙产业高质量发展行动计划（2023—2025年）》，依托故宫—王府井—隆福寺文化金三角、东城园国家文化和科技融合示范基地等空间，落地建成十大元宇宙示范应用场景项目，培育元宇宙与文化、旅游、商业、城市服务等领域虚实融合发展模式。把元宇宙产业发展与数字经济赋能服务业转型升级。朝阳区在元宇宙应用场景建设上也有新举措，发布了七大元宇宙应用场景：工体元宇宙、SOLANA蓝色港湾元宇宙、凤凰中心元宇宙、中信银行金融元宇宙、泡泡玛特城市乐园与通盈中心商业元宇宙等，覆盖商业、文化、旅游、党建、金融等领域。

四、北京传统文化与时尚产业融合发展路径

（一）打造数字时尚商圈，强化数字化人才支撑

1.探索建立一批数字化时尚园区

完善园区内部数字应用软硬件配备，如用于服装设计的"三维CAD"、用于裁衣的"3D量体"、用于营销的"AR和VR试衣间"以及用于企业内部管理的"智能会议管理"和"智能餐厅"等。

2.打造交互式的数字时尚商圈

搭建元宇宙虚拟场景，结合概念设计和3D数字化时装制作技术的运用，举行融合数字屏幕、VR技术和数字人的虚拟时装秀，展现城市时尚品牌的独特形象，为消费者创新消费场景，满足消费者在文化艺术和现实虚拟融合领域空间的需求。

3.强化数字化人才支撑

制定落实高层次数字化人才发展政策，引进从事数字化基础研究、应用研究和试验发展活动的人才、高端科研和法律人才，完善"产学研"协同的数字化人才输送机制。积极倡导中央美术学院、北京服装学院等高校与时尚龙头企业，通过"政校企"协同的方式建设高能级科创平台，围绕时尚产业开展科创和人才服务，创造良好的数字化发展环境。

（二）引进知名时尚龙头企业，打造独具特色的时尚消费文化场景

1.大力引进知名时尚龙头企业、培育时尚消费企业后备梯队

加速本土老字号品牌的国际化发展、引导自主品牌升级焕新、培育国潮时尚消费品牌；引进全球时尚首店、拓展时尚创意新场景、开展全域时尚消费空间建设。

2.丰富时尚消费文化场景

要打造文化时尚消费地标，建设时尚艺术体验聚集区，创新公园景区时尚消费空间，对标全球时尚之都的先进做法，策划一系列高规格的时尚消费活动。各商圈结合实际，差异化发展，加强数字化转型，丰富消费场景，形成"人无我有、人有我优"的商业布局，增强市民跨区消费动力。

3.推动北京传统非遗业态国际化水平建设

通过完善政策法规、打造非遗文化产业空间、引导非遗产业升级等手段、促进

非遗项目的互学互鉴和合作交流，打造独具北京特色的时尚消费文化场景。

4. 推动时尚产业与文化、旅游、体育、会展等相互渗透

通过国际消费中心城市建设，推动时尚产业与文化、旅游、体育、会展等相互渗透嫁接，将时尚元素融入城市生产生活各领域全过程，做大时尚经济规模，努力推动高质量发展、创造高品质生活、建设高水平现代化国际大都市，不断提升国际影响力和竞争力。

（三）坚持守正创新，生动讲好传统文化故事

1. 加快融入现代时尚表达

秉持创新、开放和包容的思维方式，注重现代潮流元素与优秀传统文化的有机结合，通过时尚化、创意化、数字化的表现形式，将独具中国风格、中国气派的审美神韵融入现代时尚产品及项目的设计与功能之中，实现优秀传统文化的创造性转化和创新性发展。

2. 创新国潮文化设计

进一步强化文化作品、老字号服装的新国潮内容创作，从优秀传统文化的文学故事和艺术作品中广泛汲取创作元素，通过创新性的表现手法深度融入项目设计和体验设计中，推出一批具有鲜明文化特质的国潮时尚IP。通过生动的传统文化故事情节、数字化的体验手段、交互式游戏形式，带动消费者体验式回归传统文化生活场景，实现沉浸式的国潮文旅新体验。

3. 生动讲好传统文化故事

加强中华优秀传统文化与世界其他优秀文化的交流互鉴，广泛吸纳人类优秀文明成果和现代国际时尚文化元素，以多元化的文化载体，将"中国性"与"世界性"有机融合，积极推动中华优秀传统文化走出去。以国际化的品牌和消费品为载体，加强京味儿文化的国际表达，展现具有浓郁东方韵味的中国文化气质，用世界的语言讲好中国故事、传播北京城市形象，推动国潮转化为跨文化的国际潮流。

（四）加强人才引进与培养，在国际传播格局中塑造新时代北京形象

1. 要提升北京传统文化品牌的知名度

树立和强化北京老字号的精品意识，加强时尚产业各领域之间的联动。支持本土设计师创立有特色、有竞争力的独立设计师品牌，培育壮大本土设计力量。加大对北京原创时尚品牌的推广力度，促进品牌、活动、媒体、电商、买手、智库等融合发展，提升影响力。

2. 要培养时尚创意人才，提升核心竞争力

加快建设一批开放共享的创新载体，提高从业人员的创意设计基础能力。吸引

和培育时尚创意设计人才、品牌运营人才、时尚买手等。探索打造世界一流的时尚类高校和学科，在高等院校升级或增设时尚专业课程体系。发展时尚产业职业技能和创意设计培训机构，增强职业教育培养。

3.要营造良好的氛围和环境

策划举办世界级的文化时尚论坛、峰会、展览、产品发布会等时尚活动，引进国内外顶尖时尚媒体机构，提升时尚产业知识产权保护和运用能力。发挥集群促进机构的作用，联动政府、龙头企业、科研院所、高校等各类主体，形成产业链完善、品牌影响力突出、国际竞争力强的时尚产业联盟。

（刘雅婷　北京服装学院时尚研究院）

参考文献

[1] 曲慧敏．中国特色社会主义文化自信的东方文化基因和世界贡献［J］．青岛科技大学学报（社会科学版），2020，36（2）：105-109．

[2] 张占仓，牟虹，蔺斯鹰，等．中国包容文化的历史贡献与创新发展［J］．中原文化研究，2018，6（2）：40-50．

[3] 柳斌杰．用中华文明提升当代中国形象传播［J］．公关世界，2022（23）：6-9．

[4] 余卫国．马克思主义中国化"两个结合"的科学内涵、辩证关系和实践创新［J］．探索，2022（3）：1-14．

[5] 邢华．推动京津冀优势互补高质量发展［J］．前线，2020（3）：61-64．

[6] 李倩．后工业时代国际文化软实力构建问题与对策研究［D］．长沙：中南大学，2011．

[7] 鲁元珍，董城．第十届北京惠民文化消费季带动消费近120亿元［N］．光明日报，2023-01-12（10）．

[8] 杜兰．2022北京时装周掀起时尚文化新浪潮［N］．首都建设报，2022-09-19（1）．

[9] 刘卓澜．王府井集团发力城市更新［N］．北京商报，2022-09-15（5）．

[10] 朱松梅．朝阳发布七大数字经济应用场景［N］．北京日报，2023-03-21（3）．

第八章 深圳：加快建设全球时尚之都

时尚之都是现代化国际大都市的重要功能、典型标志及亮丽名片，发达的强势时尚产业是时尚之都的根本和基础。当前，深圳时尚之都正在崛起、时尚产业正在全面焕发新生，向全球发出时尚之声正当时。本篇梳理了深圳建设全球时尚之都的战略意义和方向，回顾了深圳时尚产业四十余年的发展历程，分析了目前深圳时尚产业已形成的大体量、高质量、特色化等基础和优势，梳理了全市时尚产业的集群式区域布局，提出了深化集群建设、促进品牌升级、强化设计力量、全面数字赋能、构建立体发声渠道等建议。

一、新时期深圳建设全球时尚之都的战略选择

四十多年来，深圳经济社会蓬勃发展、经济总量连上新台阶，由一个边陲小镇发展为一座现代化、国际化创新型城市，并形成了开放多元、兼容并蓄的城市文化和敢闯敢试、敢为人先、埋头苦干的特区精神，创造了世界城市发展史上的奇迹。目前，深圳正在从"理工男"迈向国际化大都市的新时期，加快时尚之都建设、发展强势时尚产业，有助于为其增添新活力、创造新动力、提升竞争力。

（一）战略意义：有助于深圳建设现代化国际大都市

纵观全球一流知名城市的发展实践和当今主流湾区的发展特征，时尚是不可或缺的重要功能、典型标志及亮丽名片。加快时尚之都建设、发展强势时尚产业，有助于提高城市活力、软实力、文化影响力及国际品质、全球地位，激活湾区时尚活力，是"理工男"深圳建设现代化国际大都市及全球标杆城市的"必答题"。

有助于满足人们高品质生活需求。 我国经济发展已转向高质量发展阶段，消费新业态新模式不断涌现，时尚产业生产方式和商业模式不断创新，时尚消费品供给质量不断提升。与此同时，我国已成为全球最大时尚市场，2020年中国中产阶级人数约为2.75亿人，超过欧洲人口的总和，"Z世代"成为时尚消费增长的主要驱动力，时尚消费发展同时展现出规模化和个性化的发展态势。提高时尚消费产品和服务供给质量是我国及深圳生产力水平快速提升的重要体现、满足日益提高的消费需求品

质的重要路径及激活新生时尚力量的重要发力点。

有助于提升中国时尚国际话语权。世界经济重心、创新中心、时尚中心"三股潮流"共同涌向亚洲，法国、意大利、美国等发达国家时尚产业继续向外溢出，国际时尚企业加大在华营销投入，创意设计人才加速流入我国。中国资本频繁收购国际品牌，中国设计力量也正源源不断地走向国际舞台，中国品牌"出海"呈现常态化。近年来，我国越来越多的设计师获得国际奖项、入围国际赛事。深圳本土品牌HUI十一次被列入米兰时装周官方日程。与此同时，自主品牌加速新突围，"国潮"成为当前流行消费的新时尚。深圳应在全球时尚格局深度调整过程中勇立潮头，紧抓中国时尚产业发展机遇，大力推动时尚产业转型升级，有助于中国提升国际时尚话语权。

有助于打造世界级活力时尚湾区。纽约湾区、东京湾区等国际流湾区，除了具有开放的经济结构、高效的资源配置能力、强大的集聚外溢功能、发达的国际交往网络和完善的宜居、宜业、宜游配套环境等重要特征外，在时尚、艺术等方面均具有世界性的影响力。深圳作为粤港澳大湾区的核心城市之一，发展时尚产业有利于推进深圳与香港、澳门深层次合作，助力广东提高现代轻工纺织产业集群的全球影响力和竞争力，提高湾区城市群的竞争力和国际地位、区域发展的品质和软实力，促进粤港澳大湾区在时尚领域创新发展，营造时尚氛围，活跃时尚经济，培育城市文明，引领大湾区时尚潮流，提升湾区城市群品质，建设国际一流湾区和世界级城市群。

有助于提高深圳国际竞争软实力。发展时尚产业、建设国际时尚之都，不仅具有经济价值，还具有文化涵养价值、国际交往价值。新形势下加快培育时尚经济，有利于打造成为促进产业转型升级的"助推器"。时尚产业是都市有温度的领域，建设国际时尚之都能够极大地提升深圳的竞争力、软实力及文艺范，加强城市的文化传承，增强市民的城市认同。时尚产业在某种程度上是国际本地化和本地国际化相结合的"通用语言"，是全球许多城市的名片，发展时尚有利于促进全球交流合作。创新时尚产业发展模式，驱动新型消费和文化业态，助力深圳提升城市活力、魅力、创新力，提高城市文化向心力、凝聚力和青春活力。

（二）战略方向：注重产业发展价值导向、功能占位

建设时尚之都、发展时尚经济是深圳迈向国际化大都市的应有之义，而由于时尚之都、时尚产业内涵之丰富、功能之多样化，深圳时尚产业发展应找准自身特色，明确战略方向。

时尚产业是内涵丰富的都市型产业。《时尚通史》（*Fashion：The Whole Story*）一书指出"一切事物都有时尚，不仅仅服装，就连思想，甚至人们的名字"。时尚

涉及经济、社会、文化等城市发展的方方面面，是指在一定时期和特定社会文化背景下，流传较广的一种生活习惯、行为模式及文化理念。当时尚在一定的空间范围内集聚、集中表现，并不断发展，时尚之都因而形成。时尚之都在时尚领域具有国际影响力并引领时尚潮流，往往是国际大都市的"标配"。其中，强势时尚产业是时尚之都的根本和基础。而由于时尚涉及面较广，时尚产业的内涵也十分宽泛，与人有关的一切实体产品制造及相关服务业皆可为时尚产业范畴。时尚产业以创意、设计、创新、品牌为核心，融合文化、科技、艺术等要素，是具有创意设计性强、市场影响力大、产品附加值高等特征的综合性都市型产业。

深圳时尚产业较注重价值导向、功能占位。国际时尚之都虽然各具特色，但却具有共同的产业特征，形成了以设计和营销为核心，由面料、新材料和加工业提供基础支持，以展览业、出版业、信息咨询业等作为配套产业的产业体系架构。深圳市结合自身城市功能定位、时尚产业发展趋势及基础优势，采用"条""块"结合的思路，重点发展时尚消费电子、服装、家居、钟表、首饰、美容美发美妆、皮革、眼镜、其他时尚产品及服务等消费者相关行业的创意设计、品牌营销、创新智造等特征突出、市场影响力大、附加值高的核心功能环节。

二、发展时尚经济助力时尚之都建设的基础条件

深圳时尚产业经历了多次转型，目前正由时尚制造为主向时尚服务为主转变，由产业价值链低端环节向产业价值链高端环节跃升，时尚与科技加速融合，即将迎来整体突破和跨越提升。深圳时尚产业基础较好，集群式区域布局为深圳时尚产业构建活力、多元的产业生态，为未来深圳打造全球时尚产业高地、国际新锐时尚之都奠定了坚实的产业基础。

（一）发展历程：走出了时尚产业高质量发展之路

伴随特区四十余年发展，深圳时尚产业历经了"三来一补"加工制造，产业品牌化转型，设计引领及国际化，数字化、时尚化、高端化的进一步产业转型四个阶段，如今各领域、各区域百花齐放，规模与影响力兼具。

加工制造、产业积淀（约1985—1995年）。20世纪90年代，南油、车公庙、八卦岭、上步、蛇口、莲塘等片区开始出现"三来一补"服装加工产业，其中，福田是深圳时尚产业重要发源地。彼时，深圳市大约有2000多家服装加工企业，40余万人从事服装加工出口业务，一大批世界品牌在深圳加工。欧美、日韩国际大牌服装订单从香港洋行流入深圳，其生产面料从国外进口到深圳，然后在工业园区内进行贴牌代加工，最后从深圳出口到国外，部分外贸尾单直接在南油等地以批发

的形式销往全国各地。如今的港股上市企业、坐拥娜尔思等八大品牌的赢家时尚集团，便是从1993年成立服装加工厂发展起来的。

品牌崛起、全国知名（约1996—2009年）。20世纪末21世纪初，深圳服装产业开始注重品牌建设，全面推动"三来一补"产业转型，支持服装产业自主品牌建设。深圳服装行业协会于1999年开创性地建立"五名工程"，即名企、名师（名设计师）、名牌、名店、名模，实施深圳服装名牌战略。在市政府的支持下，企业组团到国内外参加服装博览会，并亮相北京、上海以及国际四大时装周，服装企业及设计师由此打开视野，汲取时尚潮流和国际经验。此外，行业协会或组织设计师在大型知名购物中心设立设计师集合店并进行统一运营，或组织深圳服装品牌舰队以整体形象到北京中国国际服装服饰博览会参展，深圳服装品牌逐渐为消费者所知。再有，2001年首次揭幕的时尚深圳展〔原中国（深圳）国际品牌服装服饰交易会〕作为深圳时尚产业的重要窗口，经历了从贴牌、代理加工到品牌化等阶段，也是深圳时尚产业品牌化转型升级的一个缩影。2000年初，深圳的产业整体上面临转型升级，一些传统企业有外迁的倾向。针对这种情况，深圳市政府规划布局建设大浪服装产业基地，促进一批服装品牌企业等集聚发展。赢家、影儿、歌力思等深圳时尚龙头品牌企业，也是在此时期成立品牌，在华强北等地开设首个专柜，后续通过全力拓展线下门店的模式占领市场，在全国时尚界脱颖而出。

设计引领、蜚声国际（约2010—2019年）。2012年，深圳市政府出台了对传统产业的支持政策《深圳市人民政府关于印发深圳市加快产业转型升级配套政策的通知》（深府〔2012〕90号），紧接着2016年又出台《深圳市产业转型升级专项资金管理办法》（深财规〔2016〕9号），持续支持时尚产业转型升级，企业也更加注重提升设计能力和国际化传播。2012年，南山区政府对旧工业区进行升级改造，建设荔秀服饰文化街区，转型成为原创设计批发和展示窗口，吸引了一众时尚大师和国内外顶级时尚院校毕业生，培育、孵化了一批设计师品牌，在国内逐渐形成一定的知名度。2015年，深圳市设立了深圳时装周，深圳的服装企业、设计师除了"走出去"之外，还可以在家门口走秀，加速深圳时尚通过时装周窗口扬名国内外时尚界。赢家、歌力思分别于2014年、2015年成功上市，并通过资本重组、品牌并购等方式，助力深圳时尚走向国际、蜚声海外。

数字驱动、品质跃升（约2020年至今）。2020年，深圳市出台《深圳市时尚产业高质量发展行动计划》及相关配套资金操作规程，系统推进传统优势产业向时尚产业全面转型，助力深圳产业体系现代化发展。2021年，深圳市出台了《深圳市时尚产业发展规划》，全面谋划深圳时尚产业未来发展方向。2022年，现代时尚产业列入"20+8"战略性新兴产业集群，成为深圳未来重点打造的产业之一。此外，深圳政府、时尚企业、行业协会、金融机构等各类主体聚焦目光于数字化赋能，大力发挥深圳科技之城、创新之城的特色优势和资源力量，致力于时尚产业数字化转型研究、智能化技术改造、电商直播线上渠道布局、数字化平台建设等工作，助力产业高质量跃升。

（二）基础优势：整体发展水平全国引领国际知名

深圳是国内原创品牌最集中、产业配套最完善、规模集群效应最显著的时尚产业基地之一，发展基础较好。

1. 总规模："双万亿"

深圳时尚产业规模在全国处于领先地位，根据相关统计和综合研究，服装、钟表、珠宝等优势时尚领域和时尚消费电子、创意设计等新兴时尚领域产业体量均超过1万亿元，深圳时尚产业已达到"双万亿"体量。

优势时尚领域。服装、钟表、眼镜、家具、皮革、黄金珠宝等产业体量总计近万亿元。服装领域，截至2021年，深圳有超2500家服装品牌企业，其中90%以上为自主品牌，在全国大中城市一线商场市场占有率超过60%；年销售总额近2700亿元，占全国的10%。钟表领域，深圳钟表年产值约680亿元，手表产量占全国的一半，中国钟表"十强企业"中，有7家在深圳。眼镜领域，深圳眼镜年产量超1.25亿副，年生产总值100多亿元，出口总值比例占80%以上，产量约占全球中高端眼镜的50%。家具领域，深圳家具年销售额3800亿元，在国内成品家具品类的市场占有率达50%以上；年出口额265亿美元，占全国家具出口总额的40%。皮革领域，深圳注册皮革行业类企业数量超10万家，从业及周边人员超20万人，年产值约500亿元。黄金珠宝领域，注册法人企业超过15000家，年加工值1500亿元；全年黄金、铂金实物加工量，占上海黄金交易所实物销售量的80%。

新兴时尚领域。时尚消费电子产业体量超亿元，各类时尚服务业也蓬勃发展。深圳现代时尚产业正向设计、营销等产业链两端升级，呈现高端化发展趋势。时尚消费电子领域，目前时尚消费电子营业收入超过1万亿元，其中不乏华为、大疆、中兴等全球龙头企业，也孕育出华为智能终端、大疆无人机、优必选机器人、洛斐等新锐品牌。工业设计领域，全市各类工业设计机构及企业近22000家，其中工业设计专业公司1400余家，工业设计高新技术企业700余家，工业设计师及从业人员超过15万人，建成国家级工业设计中心13家，工业设计总产值约160亿元，占全国半壁江山。会展服务领域，实现产值约50亿元，展览业发展综合指数评价排全国第三，展览规模排全国第四；专业设计服务和广告业规模约600亿元。

2. 高质量：决胜高端

深圳时尚产业边探索、边实践、边提升，一直延续至今。而其高质量发展的"决胜之道"，便在于品牌与出海、设计与创新。

注重品牌化。自20世纪末开始,深圳时尚产业认识到自有品牌所带来的高附加值、可持续性、影响力等优势,毅然决然地从"三来一补"加工走向品牌化之路。近年来,深圳时尚各领域逐渐发展出差异化特色明显的品牌类型,既有品牌影响力与市场规模并重的商业型品牌,也有原创风格小众而鲜明的设计师品牌。如大型时尚集团除重视品牌自身建设外,还通过多品牌战略、立体营销、品牌故事、跨品牌合作等方式,逐步扩大品牌影响力。百丽时尚鞋类业务拥有自有品牌13个,服饰业务经营6个品牌,运动业务代理19个全球领先的运动品牌,已建立起集鞋类、运动和服饰品类于一身的庞大品牌军团。歌力思服饰在品牌推广方面虚实结合,兼顾知名艺人代言品牌等传统方式,同时推出虚拟数字人进行社交媒体营销,不断引爆年轻一代的讨论热点。欧柏兰奴等设计师品牌讲好东方美学故事,将东西古典文化结合融入品牌。

注重国际化。时尚企业通过出海学习、走秀、参展、参赛等方式在海外建立品牌印象,更有一众知名品牌企业在海外投资门店、兼并品牌、上市融资等,代表中国时尚在国际时尚界占位、发声。钟表企业格雅集团与瑞士钟表产业投资合作,打造具有纯正瑞士血统的"天珺TANGIN"手表,誉满全球。瑞辉钟表公司旗下的大众时尚腕表品牌宝时捷表(POSCER),曾获国际设计界的奥斯卡奖——德国红点奖。2005年,天王电子公司在新加坡上市。深圳钟表企业连续20余届参加瑞士巴塞尔钟表展,最近10余届代表中国组团参展。家具企业敏华控股旗下芝华仕品牌实现了全球布局:成功上市港股;除了在中国功能沙发领域的零售市场处于领先地位之外,在美国市场也占据超10%的高份额;位于越南的工厂产能扩张,实现规模效应。

注重设计与创新。设计是时尚的灵魂。深圳时尚产业的核心竞争力之一在于设计、创新引领,各类时尚产品和服务承载时尚品牌匠心独运的设计理念和创新灵感,形成声名在外的"深圳设计"集体品牌,2008年深圳正式被联合国教科文组织认定为"设计之都"。深圳时尚不断推出新设计、新技术、新工艺,跨界融合其他领域的元素,依托设计和创新发光发热。艺之卉深入贵州苗寨获取非遗文化设计灵感,在服饰产品中融入"蝴蝶妈妈"文化元素,并在米兰时装周舞台上向国际展示。飞亚达重视研发投入和技术创新,自主研发的中国载人航天工程航天员专用手表伴随神五、神六以及神七的顺利返回,一举奠定了飞亚达在行业内的技术领先地位。雅兰床品研发出元宇宙—AI智能自适应床垫,用最前沿科学数据和传感技术,突破智能睡眠瓶颈。

3.特色化:行业相伴

深圳服装、家具等细分行业相伴成长,各自形成了鲜明的行业特色,在国内外均已具备一定的市场占有率和品牌影响力。

服装行业。服装行业是深圳时尚产业发展最杰出的代表之一，目前已发展成为中国时装业最发达的城市之一，全行业经济总量名列中国大中城市前茅，拥有30万从业人员，2万多名服装设计师，有9家品牌企业成功上市。深圳服装以中高端女装为主，在全国大中城市一线高端市场占有率超过60%，玛丝菲尔、影儿、歌力思、赢家等龙头企业商业品牌通过资本运作不断做大做强，艺之卉、ANAKIKI、欧柏兰奴等独立设计师品牌强势崛起，牢牢占据全国女装绝对引领地位。此外，卡尔丹顿、梵思诺、丹尼爱特等高端男装品牌也在全国占有一席之地。通过深圳时装周平台，集聚深圳乃至全国品牌及时尚界人士，向世界展示深圳时尚风采。

家具行业。"深圳家具"这块烫金的名片已经成为国内市场知名度最高的区域品牌，设计和品质的双重典范铸就了其无可比拟的独特优势。左右沙发、仁豪居品、雅兰床垫、七彩人生、松堡王国等一批企业成为中国家具行业的品质标杆，更依托地方标准的升级重塑中国家具产业的品质脊梁。此外，深圳设计服务业与家具行业形成良好的上下游生态，为家具行业直接提供设计服务商和创新渠道链。

钟表行业。深圳是全球有钟表微精密技术生产能力的三大基地之一，2014年和2019年两次被中国轻工业联合会及中国钟表协会授予"中国钟表之都"称号。目前，深圳已成为全球主要的手表生产和配套基地，集聚飞亚达、天王、依波等钟表名品名企。深圳钟表产业生态完善，制造钟表相关的配套零部件超过95%在本地生产，形成了精密加工设备制造、机芯、表壳、表盘、表带及芯片、电路板、微型步进电机等完整产业链，具备完善的全产业实力和技术创新能力。

黄金珠宝行业。深圳已经在国内外形成了具有巨大影响力和凝聚力的黄金珠宝产业集群，在新产品研发、文化附能、智能制造等方面走在行业前列，是名副其实的"中国珠宝之都"，是我国珠宝首饰的制造中心、交易中心及信息中心，是我国珠宝行业的风向标。截止2021年底，深圳全年黄金、铂金实物加工量，占上海黄金交易所实物销售量的80%；制造珠宝首饰成品钻的用量，占上海钻石交易所成品钻石一般贸易进口量的约90%。知名品牌数占全国首位。

皮革行业。深圳皮革行业以鞋包等皮具智能制造、自有品牌企业为主，主要从事高端制造、品牌管理、终端营销等产业链中下游环节，从业及周边人员20多万人，销售规模逾500亿～600亿元人民币。其中，自有品牌企业呈现多元化发展趋势，包括：鞋履品牌龙头企业、数字化转型标杆百丽时尚，包类龙头企业迪桑娜，国内领军鞋履ODM耀群实业，全球包界"富士康"、高端优质制造品牌企业惠雄皮具，国内上市鞋履知名品牌企业哈森，国内知名终端渠道品牌企业豪麟、花花公子、迪艾宝，国内新锐品牌代表多走路、7or9等。

眼镜行业。作为全国五大眼镜产业基地之一，深圳眼镜行业现有企业800余家，经营模式主要以OEM为主，业务主要以加工生产中高档镜架及太阳镜、光学眼镜为主，纳统（纳入规模企业统计申报）规上工业企业十余家。深圳眼镜产业链紧密，镜架生产、胶板料生产、眼镜配件生产、自动化设备生产、智能眼镜开发等上下游企业之间合作密切、互通有无、关联度高。

时尚消费电子行业。科技创新日益成为经济社会发展的第一动力。对于时尚产业而言，融入和利用新科技越来越重要。随着人们物质需求不断得到满足，科技产品时尚元素的重要性也日益凸显，科技与时尚融合发展已成为潮流。深圳作为科技之都、创新之城，除数智赋能传统时尚领域外，消费电子"产业时尚化"在全国也处于领先地位。近年来深圳一大批电子科技企业，不断提升设计水平，开发出一大批引领时尚消费的电子产品，快速获得市场认同。华为、中兴、大疆等时尚消费电子传统品牌引领全球，同时孕育出优必选机器人、洛菲键盘等一批时尚潮流品牌。

工业设计行业。深圳是我国第一个获得联合国教科文组织"设计之都"称号的城市，目前全市各类工业设计机构及企业近22000家，行业水平领先全国。除培育出佳简几何、设际邹、格外设计、晟邦设计等优质企业外，深圳重点举办中国（深圳）国际工业设计节、深圳国际工业设计大展、深港设计双年展等国际品牌活动，助推深圳设计品牌化、高端化、国际化发展。

（三）区域布局：以集群式发展构建良好产业生态

深圳时尚产业各细分领域协同相伴发展，在国内外形成了一定的影响力，其重要原因在于，各重点区域善于挖掘优势、突出特色、聚焦问题、补足短板，以集群模式发展，促进产业链上下游及配套服务在一定的空间范围内集聚，构成良好的产业生态。

福田区：深圳时尚引擎湾区时尚典范。福田时尚从"三来一补"加工制造起步，历经30多年的升级蝶变，供给端、消费端、支撑配套完善丰富，已集聚了一批时尚总部管理、设计研发、品牌营销企业，市级时尚总部企业13家，占全市56.5%，服装类5家总部全部位于福田，实现多品牌矩阵式全球化发展，形成了以服装服饰为主导，以建筑装饰、时尚会展、时尚科技、创意设计等多元业态为辅的发展格局。其中，大部分服装服饰总部企业集聚在车公庙片区，中心区、车公庙、华强北等片区消费商圈星罗棋布。"十三五"以来，福田区委区政府将时尚列为重点发展的三大产业之一，在全市率先系统发布时尚产业发展纲领性文件——《福田区时尚产业"十三五"发展规划》，2018—2023年每年持续迭代升级产业资金政策，推动时尚产业高端化、品牌化、国际化发展；在车公庙片区布局政府物业泰然立城，并联动周边产业空间，组建物业联盟，集聚时尚企业总部、时尚媒体、俱乐部等；沿福华路打造"节日大道"时尚街区，串联时尚消费商圈，举办福田咖啡生活节、"湾区之yeah 乐在福田"等各色时尚消费活动，着力引进老佛爷百货等高端品牌首店，提升福田消费活力。

罗湖、盐田区：黄金珠宝集群。深圳珠宝产业出现多区块分布多元化发展的特点，主要分布在罗湖区（企业总部、设计研发和展示交易），盐田区（总部和生产制造）。**罗湖**水贝是连接中国珠宝乃至世界珠宝的桥梁，素有"世界珠宝看中国，中国珠宝看深圳，深圳珠宝在水贝"的美誉，黄金珠宝的研发设计销售大部分集聚在罗湖区，罗湖依托水贝打造黄金珠宝首饰产业集聚地。目前，罗湖水贝——布心黄金珠宝产业集聚区面积超过250万平方米，经营单位超过2万家，企业展示交易大厅约2000多家，从业人员超过20万人，年批发货值约1500亿元，约占国内黄金珠宝批发市场份额的50%。此外，**盐田**是深圳市黄金珠宝产业的制造中心，有周大福、百泰、粤豪等龙头企业，黄金珠宝产业正在向高端制造、总部品牌运营等方向转型发展。盐田区黄金珠宝产值约占全市40%左右。

南山区：具有全国影响力的服装原创设计集群。南山荔秀服饰文化街区位于深圳市南山区东滨路北侧，总建筑面积约25万平方米，其建筑包括批发市场大楼12栋（101-112），缤纷泰力、尚道中心、世纪广场以及深圳动漫园（打板中心）等产业园区，前身为建于20世纪80年代的南油第一工业区，主要从事"三来一补"服装加工，后向服装批发市场转变，再到如今发展为时装原创设计产业园区，并仍处于加速转型期。荔秀街区发展极具市场化特色，产业生态灵活，周边产业链上下游配套完善，供应链快速响应；交易方式多元化，如设计稿交易、样衣交易、品牌贴牌合作、成衣批发等，设计师生存压力相对总体而言较小；主要定位为中高端女装品牌。当前，荔秀街区已成为集服饰研发、创意设计、商业展示、商务信息等功能为一体的时装创意产业园区。粗略统计，约有商铺10000家，其中90%为原创设计品牌，还集聚了一大批服装原料、辅料及生产、加工等商户和企业，日客流量2万，年交易额超百亿元，带动周边10万人就业，已培育出各服装细分领域知名高端品牌，成为时尚产业的影响力地标。据行业数据统计显示，全国近8%的时尚服饰由荔秀出口到东南亚国家及地区，在深圳乃至全国一线城市具有极大影响力。

龙岗区：眼镜集群。深圳眼镜企业主要集中于龙岗区横岗及园山街道，主要以生产型企业为主。工商登记显示，龙岗区眼镜企业超过1万家，全国排名第一；眼镜制造业企业接近600家，全国排名第四（前三名分别是丹阳、临海、瓯海）；注册资本1000万元以上的企业数量第三（与排名第一丹阳、第二湖里数量接近）。龙岗眼镜集群的配套较完善，其中位于龙岗区园山街道的代表性产业园区横岗眼镜时尚e城（FEC）是市、区两级政府重点建设的眼镜传统优势产业转型升级示范基地，也是全国首个O2O眼镜产业创新引领公共服务平台，内设眼镜博物馆、品牌展示交易中心、研发设计中心、产品检测认证及产权保护中心、电子商务中心和人才培训中心等功能区，主要为深圳眼镜产业转型升级提供资源整合及综合配套服务。

龙华区：时尚产业新城。时尚产业历来是龙华区支柱产业之一，历经多年发展，集聚了玛丝菲尔、影儿、卡尔丹顿、艺之卉等20余个知名时尚品牌总部企业，拥有玛丝菲尔大厦、影儿产业园、艺之卉产业园等近30个时尚产业园，形成了以服装服饰为主导，家具家居、时尚消费电子、时尚文化创意、钟表等领域相伴发展的格局，产业规模、行业特色、空间平台、数字化转型等方面发展已有一定的基础，正处于总部集聚、品牌提升、服务优化的集群建设关键期。其中，大浪时尚小镇前身为2003年全市统一规划的九大传统产业基地之一——深圳市服装产业集聚基地，规划面积11.97平方千米，可开发面积3.79平方千米，核心区1.08平方千米，玛丝菲尔、艺之卉、百丽等服装服饰总部企业园区汇聚于此，目前形成了由生产制造、设计、展示、交易、消费、总部等组成较为完整产业链，已从深圳服装基地迈入打造世界级时尚产业集群的新征程。目前，龙华区已出台《深圳市龙华区时尚产业规划（2022—2035年）》《龙华区现代时尚产业集群高质量发展行动计划（2022—2025年）》《深圳市龙华区关于支持大浪时尚小镇时尚产业发展的若干措施》等文件，系统发展时尚产业。其中，《深圳市龙华区关于支持大浪时尚小镇时尚产业发展的若干措施》为第三版专门支持大浪时尚小镇发展的产业政策。

光明区：钟表、内衣集群。**钟表行业方面**，光明时间谷是深圳乃至中国钟表业最为核心的集聚地，是国家外贸转型升级专业型示范基地、全国钟表产业知名品牌创建示范区。12家主要钟表企业相继入驻，辐射产业链相关企业100多家，形成包括9个钟表知名品牌，1个产业研发创意孵化项目（时间谷创意大厦）和1个商业配套项目，1个精密制造企业（电连电子）。骨干品牌企业中，国家高新技术企业6家，国家技术中心1家，国家设计中心1家，国家CNAS认证实验室1家，深圳市技术中心2家。光明时间谷根据"时尚科技产业"转型升级的发展趋势，着力于工业设计、教育培训、新材料研发、检验检测、环保节能、航空航天技术应用、贵金属应用、原子钟研发应用等内容的推动，建立包括"人才培训、技术研发、精密制造、材料研究、环保技术、节能减排、品牌运营、电子商务、物流配送、融资证券、人文艺术、品牌展示"等于一体的生态型现代化和智能化的公共服务机构为产业集聚服务。**内衣行业方面**，光明内衣基地是深圳市内衣产业最为集中的区域，与大浪时尚小镇前身同为21世纪初深圳打造的九大传统产业基地之一，其产业经过多年蝶变，目前已集聚了雪仙丽、维珍妮、埃迪蒙托等一批知名内衣企业，内衣产量占全市62.5%，出口量占全市70%。为支持内衣产业做大做强，光明区在核心区域集中打造内衣产业集群，支持"总部+研发设计+品牌营销+灯塔工厂"新范式，引进培育一批国内外优质企业、知名品牌。未来，光明区还将陆续推出多个平方公里级产业社区，新增100万平方米以上连片产业用地，供应高品质产业空间400万平方米以上，为包括内衣产业在内的各类产业发展提供充足用地保障。

宝安区：创新创意基地和会展服务集聚区。宝安区人文底蕴丰富、文化内涵深厚，发展能级不断提升，珠江东西两岸联系桥头堡和前海对外开放的区位优势明显，人口规模全市第一，产业优势突出，拥有海陆空铁一体化交通，国际会展中心室内展厅面积50万平方米、全球第二，消费商圈级别高、层级丰富多样，前海商圈、空港商圈为全市五大世界级商圈之二，创意设计能力不断提升，文旅资源丰富、新业态不断涌现，化妆品、服装服饰、家居、钟表等时尚领域具有一定制造基础，产业政策和产业生态不断完善。目前，宝安大力发展会展地标产业，重点发展消费、创意设计、文旅等特色产业，积极拓展化妆品、服装服饰、家居等其他领域，打造世界级活力消费商圈、深圳创新创意策源地、大湾区旅游目的地，不断提升时尚产业引领力、创新力、带动力、影响力、吸引力，实现时尚产业高质量发展。

三、进一步促进深圳时尚产业发展的建议

目前，全球时尚产业正迎来品牌化、国际化、数字化、绿色化叠加的发展新趋势，也进入新型冠状病毒感染疫情之后的新生期，市场机遇巨大。深圳时尚产业应持续深化集群化建设、促进品牌化升级、强化设计力量、全面以数字化赋能、构建立体发声渠道等，着力锻造长板和弥补短板，加快实现高质量发展。

（一）加强时尚产业集群化建设

深入推进时尚产业产融结合、科技融合、区域融合等，促进区域间、产业间、企业间的资源和能力高度协同。发挥多元社会力量参与，加强政府政策引领，支持行业协会、企业、高校积极参与，通过市场化运作，整体推进时尚产业集群建设。借鉴上海做法，成立深圳国际时尚之都促进中心非营利性社会组织，由政府指导，由国企、高校、智库共同发起设立，参与和助力深圳时尚产业集群建设。加快建设时尚产业数字化平台、时尚科技创新、时尚产业金融、人力资源协同发展的产业体系。加强车公庙、大浪、南油等片区合作联动和优势互补，形成"1+1>2"的效果，推动服装服饰等集群合力发展。

（二）促进时尚产业品牌化发展

时尚产业发展的核心要素是本土时尚品牌，推进品牌建设是提升时尚产业价值升级的必然选择。深圳优势时尚领域和新兴时尚领域在当今潮流交汇，让"老字号"品牌焕发新光芒的同时，也要塑造一批有影响力的时尚科技品牌和专业服务品牌。发扬"工匠精神"潜心锤炼"深圳质量"，强化精品意识和精品文化打造，推

进服装、珠宝、钟表、科技时尚等时尚领域的品牌化发展，培育具有国际影响力的世界级本土品牌和引领时尚潮流的设计师品牌。支持本土品牌国际化发展，加强"深圳精品品牌"的宣传力度，增强精品意识形态引导，形成潜心打造精品的氛围。

（三）提升产业创新与设计能力

做强时尚产业链，重在创意设计链；激活创意设计链，首在时尚人才链；筑牢时尚人才链，根在时尚教育链。世界上一线的时尚品牌，无不具有世界一流的设计师，甚至可以说正是众多的一流设计师缔造了众多享誉世界的时尚品牌。从"根基"上为全市时尚产业发展注入人才第一资源、创新第一动力，加强时尚人才培养，积极与国内外著名时尚院校沟通，采取合作办学、联合培养、培训实训等方式，培养植根产业、面向市场、跨界融合、接轨国际的时尚设计人才。强化设计的核心支撑作用，弘扬中国文化、特区精神，按照"文化塑造产业，时尚改变城市"的理念，汲取中华文化精髓，推进传统特色文化与现代时尚元素结合，将中国元素融入时尚设计中。提升研发工具、设计方法、关键材料、智能制造的自主创新水平，增强时尚产业科技驱动力。加强知识产权保护，为时尚设计提供健康优质的发展土壤。

（四）全速推动全链条智能升级

充分发挥深圳科技之城、创新之城优势，实施时尚产业数字化转型方案，推动时尚产业与数字经济的深度融合，导入新技术、创新新业态、发展新模式，把数字化、智能化创新全方位融入深圳时尚产业升级。支持企业加大制造相关软硬件设备的改造投入，搭建促进上下游供应链协同的工业互联网平台等，引进智能产线、智能车间，加快发展个性化定制业务，促进时尚制造向时尚"智造"转型。顺应新潮流、新趋势的时尚营销消费升级，鼓励品牌企业和时尚商圈带大力推动线上线下全渠道升级，创新布局线下营销网络的同时，积极探索各类线上营销渠道和各类数智化营销工具，运用虚拟形象IP、NFT时尚产品等数字化产品和工具传达品牌价值、链接消费者、增强客户体验。

（五）构筑深圳时尚传播新力量

建立时尚产业立体营销体系，加强国际交流合作，拓展全媒体、全方位的营销平台和渠道，构建多元化国际主流传媒的时尚传播力量，形成全方位、立体化、多维度的传播态势，全面提高深圳时尚的辨识度和影响力。积极加强时尚企业与媒体合作，引进、培育具有国内外影响力的专业时尚媒体、自媒体、广告、策展等机构。发挥深圳会展场馆作用，策划专业型秀场，支持国内外知名品牌来深圳举办展览展示及新品发布会，提升设计、服装、首饰、钟表等领域的重大时尚活动能级和影响力，重点发展"首发""首秀"活动，提升时尚传播的深度、广度和力度，向全球传播深圳时尚。

（汪云兴　中国（深圳）综合开发研究院
刘玉玲　中国（深圳）综合开发研究院）

参考文献

［1］高长春. 时尚产业经济学新论［M］. 北京：经济管理出版社，2014.

［2］沈滨. 时尚之路——上海国际时尚之都建设的新探索［M］. 北京：经济管理出版社，2017.

［3］顾庆良. 时尚产业导论［M］. 上海：上海人民出版社，格致出版社，2010.

［4］高骞. 上海打造国际时尚之都的探索与实践［M］. 上海：上海人民出版社，格致出版社，2010.

［5］颜莉，高长春. 时尚产业国内外研究述评与展望［J］. 经济问题探索，2011.

［6］《深圳市时尚产业高质量发展行动计划（2020—2024年）》.

［7］《深圳市时尚产业发展规划（2021—2025年）》.

［8］《深圳市培育发展现代时尚产业集群行动计划（2022—2025年）》.

第九章　上海：时尚产业创新发展

随着经济社会的不断发展，时尚已经成为一种生活现象，追求时尚产业已经成为民众日常生活的重要组成部分。时尚正以"润物细无声"的方式潜移默化地影响着我们，从珠宝首饰、美容美发、日常服装到电子产品、动漫、城市建筑等各行各业都被时尚理念影响着。时尚产业就是与时尚相关的产品制造、销售，时尚服务商业化运作的产业集合，具备较强的时代性、多层次、多样化的特征。目前，时尚产业已经成为世界各国经济发展的一个重要分支领域，时尚化的产品与服务正彰显出蓬勃的发展动力，在创造价值、创新发展方面展示出不可小觑的力量。上海作为重要的国际消费中心城市，一直是国际时尚高地和品质消费的风向标，"千亿商圈"建设、国际国潮老字号"品牌矩阵"打造、"首发经济"营造、"美丽经济"建设、"上海国际时装周"传播等已经成为上海的一张"靓丽"名片，成为推动经济发展的又一重要引擎。在数字技术的加持下，上海时尚产业也在不断创新发展，向产业链的更高端迈进。

一、产业创新对上海时尚产业的影响

无论是时下"ChatGPT"引发的数字科技狂欢，还是未来工业元宇宙的进一步纵深发展，都对现实的生产与生活产生了巨大影响。以大数据、云计算、人工智能、物联网、区块链为代表的新一代信息技术正以"爆发式"增长的速度加速向制造业、服务业渗透，数字经济已经成为全球新一轮产业竞争的制高点和促进经济转型升级的新动能。根据《中华人民共和国国民经济和社会发展第十四个五年规划和2035年远景目标纲要》规划的数字蓝图，数字经济会与中国的各种产业进行深度融合，数字技术将从根本上改变时尚产业的生产方式、消费关系和供应链属性，数字经济与时尚的融合会推动时尚产业进入新的发展渠道与开拓发展的广阔"蓝海"。

（一）产业创新改变时尚产业的前景，引领时尚消费潮流

时尚代表着人们对美好生活的向往，时尚产业要满足人们对于生活中"美"的需求，因而时尚产业就成为一个时刻变化且不断创新的行业，未来的发展也会围

绕着用户的需求向多元化、数字化等方向展开。根据最新的统计数据，在钟表、珠宝、时装等传统时尚领域和消费电子、创意设计等新兴时尚领域的消费体量累计超过2万亿元，时尚产业发展的前景广阔。在数字化引领的产业创新不断深入的过程中，时尚产业发展的产业逻辑和商业模式也正在悄然变化，创意设计、生产制造、分销推广及消费环节等都展现出新的发展模式，也催生出很多新的发展业态。2023年10月底落幕的上海国际时装周不仅见证了上海时尚力量的发展，更是反映出时尚的发展走向，引领时尚消费潮流。上海市正积极推动时尚产业的高质量发展，着力聚焦"时尚八品、三大专项，十个行动"，深化时尚产业集群建设，发挥东方美谷意大利米兰中心平台作用，促进品牌升级并引领海派潮风尚，鼓励更多的本土企业"走出去"部署国际市场，成为国际时尚"风向标"。

（二）产业创新改变时尚创意设计模式，推动新业态发展

产品设计是时尚产业发展的核心要素，新颖性、创造性的产品设计是时尚产品设计的核心。以"优衣库（UNIQLO）"为代表的大众时尚品牌与以"路易威登、阿玛尼（ARMANI）、古驰"等为代表的奢侈品品牌能占据全球时尚市场主流，引导时尚潮流发展，都离不开其优秀的产品设计。在数字技术迸发的今天，依托大数据、人工智能、区块链等新技术手段不仅能激发设计师产生更好的设计理念，而且随着AI设计能力的提升能极大地提升创意设计的效率。

微软（Microsoft）小冰就是应用AI技术推出的丰富的创造模型并根据模型发布实际线上产品，其在图片设计中能设计出多样性产品，在服装面料、珠宝等方面还能实现按照消费者需求进行及时创造。人工智能系统还能为时尚产品设计提供更加海量的图片素材，应用更精密的算法对素材进行资源整合和管理。极睿科技推出的AI Fashion内含数亿级的服饰图片数据，通过大数据技术打通经营数据，帮助服装企业进行下一季度产品企划设计。此外，数字技术能够为时尚设计提供新型的智能材料，更具创新的设计思路和独特的审美表达，使得传统意义下的功能材料和结构材料之间的界限正逐步消失，实现时尚产品功能的多样化。路易威登在设计中率先使用超薄轻便的彩色柔性显示屏、传感器等新兴材料，将柔性显示屏设置在包的外部，能与消费者产生触控互动，实时展现消费者喜爱的视频，如图9-1所示。3D打印技术借助智能化设计建模、VR（虚拟现实）技术、快速凝固激光材料等新技术与材料能形成独特立体的空间造型，将此应用到时装设计中进行新一轮的服装创新（图9-2）。

（三）产业创新重塑时尚产业的生产，攀升价值链高端

产业创新是经济发展的主要动力，数字技术引发的产业创新能通过大数据、云计算、人工智能、区块链等手段改变传统时尚产业的生产方式，快速整合消费者偏好，

图 9-1　柔性屏智能手袋

图 9-2　时尚智能眼镜

绘制消费者需求画像，全面获取上下游供应商、合作伙伴产生的数据信息，大幅提升时尚生产企业在智慧设计、柔性制造、供应链协同等重要环节的集成创新和融合应用能力，重塑时尚产业的生产。2022年12月，上海在产业创新与产业数字化转型方向走在全国前列，上海市经济和信息化委员会等印发的《上海市时尚消费品产业高质量发展行动计划（2022—2025年）》，明确上海时尚产业的发展方向，积极拥抱产业数字化变革带来的各项机遇，深刻把握全球时尚产业发展新趋势，积极将数字技术应用到时尚产业生产的各个环节，坚持设计引领、科技赋能，推进时尚产业生产的全方位升级改造，加速打造具有核心竞争力的时尚产业生产高地。上海正大力布局"时尚星云"，聚焦"1+9"产业空间载体建设，以东方美谷·美妆等首批时尚消费品领域特色产业园区为着力点，依托数字化技术和信息化平台，推动时尚产业生产向大规模定制、柔性化生产、服务型制造方面进行升级，攀升价值链的更高端。

(四）产业创新改变时尚产业的分销推广模式，促进精准营销发展

产业创新变革使得时尚与科技正加速融合，从时尚制造向时尚服务转变，分销模式也即将迎来整体突破和跨越提升。在数字化的加持下，时尚产品的分销渠道也在发生着巨大的变化，越来越多的时尚企业开始应用智能化系统，在用户数据收集、用户行为预测、用户偏好习惯等方面的效率较之前有了较大提高，也使得顾客的时尚产品购物体验更好。首先，产业创新带来的数字化分销平台能更好地链接时尚生产与消费者需求，能促进时尚消费品从单一、固定的产品供给向多元化、精细化、定制化的方向迈进，使得时尚产品能更好地迎合消费者偏好。其次，产业创新带来的聊天机器人和语音助手设备，如Amazon Alexa、Apple Siri、GoogleHome和微软Cortana等能更加及时、更快捷地解决消费者在购买时尚产品时遇到的各种问题，其工作效率是人工服务的5倍，在提升消费者购物体验方面作用巨大。智能化的辅助还能更迅速地收集客户的问题数据，根据客户的问题分析其真实需求和购买习惯，能帮助时尚设计师更好地研判时尚发展模式，为时尚产品生产、设计提供有价值的建议，因此产业创新带来的数字化分销渠道不仅能为顾客提供更好的满足感，也能为企业提供更多有价值的信息（图9-3）。最后，产业创新带来的数字化系统还能应用于移动端程序，消费者在手机等便携设备上安装应用程序，拍摄自己喜欢的服务款式上传小程序后，小程序的智能识别系统就会将照片与可售商品匹配，便于消费者更好地找到相同或相近的产品款式。另外，智能终端系统还能更便捷地采集消费者数据，实现用户画像、广告精准投放、营销效果的精准可估。

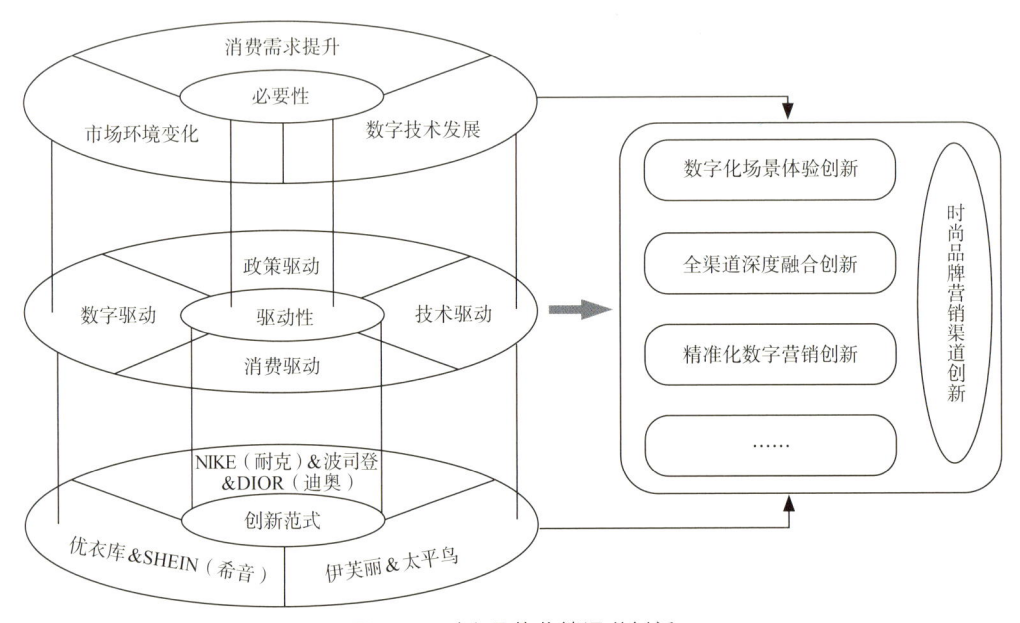

图9-3 时尚品牌营销渠道创新

资料来源：新零售下时尚品牌营销渠道创新范式

二、上海时尚产业创新发展的机遇

上海曾被称为"十里洋场""东方巴黎",从近代开始就是引领全国时尚潮流的"时尚之都"。改革开放后,上海积极主动对外开放,时尚服装设计在充分挖掘传统服饰元素基础上注重与世界流行的时尚设计相融合,即在吸收欧美时尚杂志和影视明星的服装特色的同时融入东方审美和东方元素,形成具有"中西合璧、古今相谐"的特征,开启了上海时尚"风向标"。现今,上海产业实力雄厚、商贸发达、国际化程度高,在消费升级、国潮涌现、构建"双循环"发展格局等趋势下,时尚消费品得到消费者前所未有的关注,海派文化、红色文化的深厚底蕴又为其时尚产业发展提供了重要助力。上海具备发展时尚产业,成为国际时尚中心的各项元素,在数字化、智能化等产业创新发展背景下,其时尚产业潜力迸发。

(一)创新产业实力雄厚,时尚产业布局合理

上海是我国的经济金融中心,先进制造业和现代服务业的水平都比较高,创新产业实力雄厚。上海市"十四五"规划提出,要大力发展集成电路、生物医药、人工智能这三大先导产业,加快发展电子信息、汽车、高端装备、先进材料、生命健康、时尚消费品六大重点产业,向光子芯片与器件产业、基因与细胞技术产业、类脑智能产业、新型海洋经济产业、氢能与储能产业、第六代移动通信产业等智能化、高端化的"未来"产业布局,着力打造具有国际竞争力的高端产业集群。上海市"3+6+X"的现代化产业新体系布局使得其各大产业创新能力突出,创新产业实力雄厚。时尚消费品产业首次被纳入上海重点发展的六大产业中,计划到在2025年确立上海引领时尚、定义潮流的"时尚之都"地位,打造具有示范引领作用的时尚消费品万亿级消费市场,打响一批领军级名企名品,形成一批融合性消费场景,布局一批示范性产业名园,集聚一批国际化时尚人才,使上海成为时尚出品地、潮流集聚地、创新策源地、消费引领地❶。

上海时尚产业主要可以分为时尚消费品业、文化创意和设计产业。在时尚产业的细分领域中,上海市聚焦服饰尚品、化妆美品、精致食品、运动优品、智能用品、生活佳品、工艺精品、数字潮品等领域。在时尚消费品方面,上海着力打造"1+9时尚星云"的空间分布,中心城区作为时尚消费品产业布局的核心,承担着时尚引领、时尚策源、时尚消费的重要任务;浦东新区布局绿色食品、文教用品、家电照明产业;奉贤区布局日用化学、文教用品、绿色食品产业;闵行区布局绿色食品、纺织服装、家具制造产业;松江区布局绿色食品、家电照明、家具制造产业;

---

❶ 《上海市时尚消费品产业高质量发展行动计划(2022—2025年)》。

嘉定区布局家电照明、绿色食品、家具制造产业；青浦区布局家电照明、日用化学、绿色食品产业；金山区布局绿色食品、纺织服装产业；宝山区布局日用化学、绿色食品；崇明区布局绿色食品、日用金属产业（图9-4）。

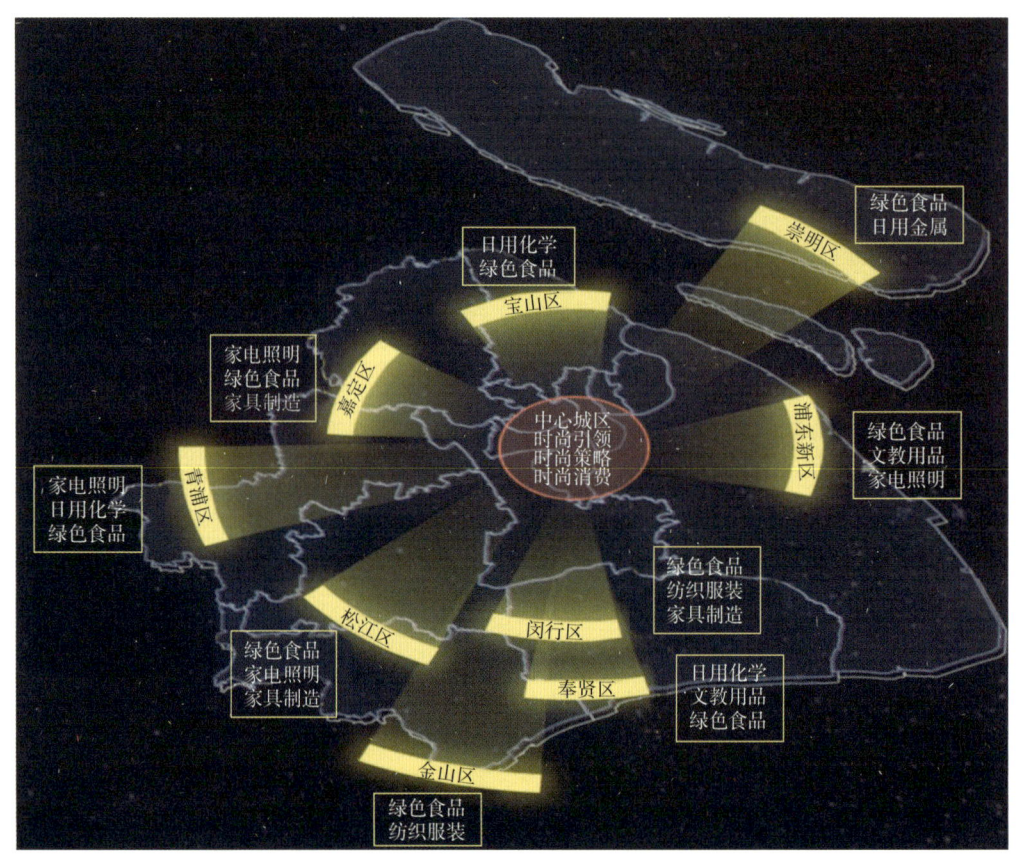

图9-4 "1+9时尚星云"时尚消费品产业布局

资料来源：上海市产业地图（2022）

在文化创意产业方面，上海形成了"一轴一圈两带多区"空间布局，以大虹桥会展产业园区、昌平路设计集聚带、环人民广场演艺活力区、陆家嘴、上海国际旅游度假区等东西向文化创意产业发展轴；以长江软件园、木文化博览园、智慧照明四新经济产业基地、越界创意园等沿中外环新经济圈；徐汇西岸传媒文化走廊、浦东世博前滩文化园区、世博城市最佳实践区、普陀长风文化生态园等沿黄浦江文化创意发展带；徐汇西岸传媒文化走廊、浦东世博前滩文化园区、世博城市最佳实践区、普陀长风文化生态园等沿苏州河文化创意发展带；环同济创意设计集聚区、上海江南智造文化创意产业集聚区、金沙江路互联网影视集聚带、上海虹桥时尚创意产业集聚区、国家数字出版基地、国家音乐产业基地、西虹桥、金山国家绿色创意印刷示范园区、南上海文化创意产业集聚区、松江影视产业集聚区、环上大影视产业集聚区、东方美谷小镇等多个分区（图9-5）。

图 9-5 "一轴一圈两带多区"的时尚创意产业布局

资料来源：上海市产业地图（2022）

在时尚设计产业方面主要形成了"六大聚集带（区）"空间布局，分别是黄浦江南智造集聚带、静安昌平路集聚带、环同济建筑和创意设计、环东华时尚设计、环交大数字设计、环华理工业设计六大地区。

（二）拥有大批时尚年轻人，青年人时尚消费力量凸显

继"80后""90后"，"00后"也逐渐步入职场，成为时尚消费大军的一员，中国年轻人正越来越体现出他们的消费力量。上海的时尚产业发达，从高端时装到街头潮牌，从奢侈品牌到小众设计师，从时尚品牌到各类展览活动，不论是追求纯粹与经典的时尚，还是追求个性与创新的潮流，都能够在上海找到适合自己的选择。在上海的大街小巷，既能看到商务精英，也有时尚潮人，更有各种特色服饰，人们都通过着装、发型、配饰和妆容等多个方面彰显自己独特的个性，敢于尝试不同的造型和风格，勇于表达自我。上海拥有着大批时尚敏锐的年轻人，他们时尚个性，

但却并非简单模仿西方潮流，而是将上海传统元素与现代潮流向融合，创造出街头独特的风格。追求时尚的年轻人正成为消费的主体，根据上海统计局公布的数据，18~35岁的青年在线上购物、国潮品牌、电子设备、轻奢品牌、健康饮食方面展现出极大购买力，别出心裁设计的产品更是备受青睐，例如，内衣品牌Ubras将设计、面料、板型等元素与时尚元素进行整合，2022年单品销量较上年同期增长超90%。大批时尚年轻人敢于突破传统，勇于尝试新的风格和元素，每一条街道都是时尚的舞台，有助于形成多元化的时尚氛围，吸引世界各地的时尚爱好者，为上海时尚产业发展提供更多的资源，也为上海时尚产业发展提供助力。此外，随着数字化转型的不断深入，数字化转型的时尚消费品深受年轻消费者喜爱，IP、艺术家、不同行业或品牌等领域的跨界碰撞增加了新鲜元素的注入，也提升了时尚产品需求。

（三）上海时装周跻身全球五大时装周之列，国际化时尚活力提升

上海国际时装周是历经二十几年历史积淀打造的黄金品牌，也是上海积极应对时尚行业变化，主动寻求自我迭代，努力提升自身时尚产业实力的证明。上海国际时装周已经成为中国，甚至全球的时尚产业重要平台，是上海对外交流的时尚名片和享誉全球的业界标杆，其正以全新的活力绘制时尚发展蓝图。2023年9月28日，《全球时尚产业指数·时装周活力指数报告（2022）》正式在上海发布，上海时装周的影响力全球排名第五，仅次于巴黎时装周、米兰时装周、纽约时装周和伦敦时装周（表9-1、图9-6）。2020年，上海时装周积极推进数字化转型，将数字化的前沿技术应用于时装走秀、展会布置、舞台布景、线上销售等方面，从早期的录播走秀、云看秀到虚拟走秀、虚拟时装、虚拟试穿等新应用场景不断涌现，最大化地充分利用时装展会带来的人流、信息流，发挥时尚创新消费场景，激发时尚消费活力，为城市时尚产业发展提供新动能，也借助数字力量拉进了与国际时装周的距离。

表9-1 全球时尚产业指数·时装周活力指数（2022）排行榜

排名	时装周	得分	排名	时装周	得分
NO.1	巴黎时装周	0.8459	NO.5	上海时装周	0.2882
NO.2	米兰时装周	0.6581	NO.6	中国国际时装周	0.1977
NO.3	纽约时装周	0.4279	NO.7	东京时装周	0.1633
NO.4	伦敦时装周	0.2902	NO.8	首尔时装周	0.1325

资料来源：《全球时尚产业指数·时装周活力指数报告（2022）》

此外，上海国际时装周的金字招牌使得国际时尚品牌进入中国市场时，绝大多

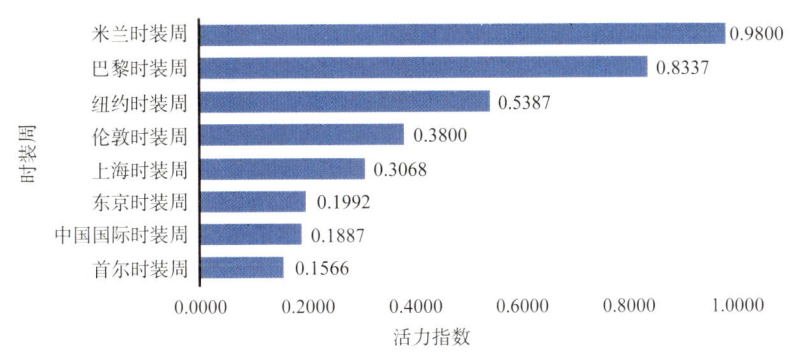

图 9-6　全球时尚产业指数·时装周活力指数（2022）排行榜

资料来源：《全球时尚产业指数·时装周活力指数报告（2022）》

数时尚企业都会选择上海作为落户城市，促使上海形成在规模、层次、品类和活跃度等方面都在全国领先的时尚品牌生态，也使得上海时尚文化受到了深刻的国际化潮流的影响，将国际潮流融入本土文化之中，创造出独具特色的时尚风格。根据《2021中国首店经济发展报告》，国际时尚品牌于2019—2021年在上海开设的首店数量在全国稳居第一（图9-7），淮海中路、南京东路、新天地、BFC外滩金融中心等各大商圈成为国际时尚品牌的汇聚地，吸引着来自世界各地的时尚爱好者。

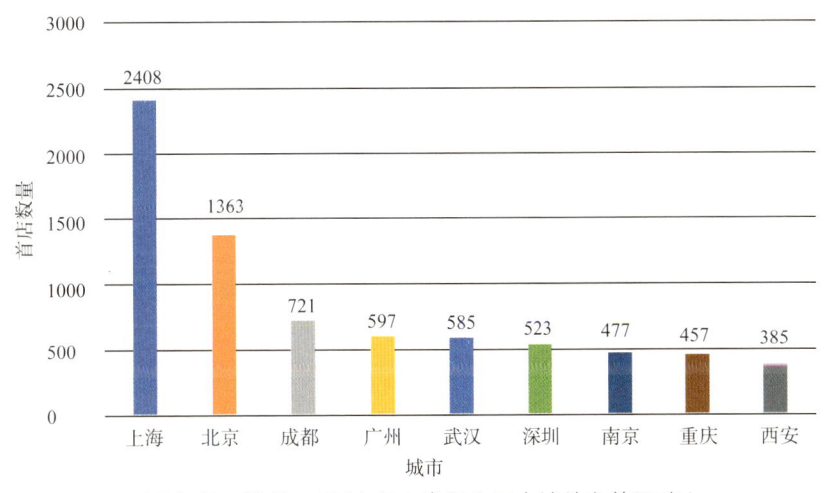

图 9-7　2019—2021年上半年全国十城首店数量对比

资料来源：中国商务

（四）政策支持力度大，时尚产业不断优化升级

近年来上海对时尚消费产业发展日益重视，政策支持力度逐渐增加。2021年1月，《上海市国民经济和社会发展第十四个五年规划和二〇三五年远景目标纲要》更是首次将时尚产业列为重点发展产业，形成以科技、时尚、绿色为特征的时尚产业发展方向，成为"3+6"新型产业体系的重要组成部分。在此基础上，2021年9月上

海市又发布《上海市时尚消费品产业高质量发展行动计划（2022—2025年）》，提出"到2025年，确立上海引领时尚、定义潮流的'时尚之都'地位"的发展定位，实现时尚产业规模超5200亿，年均增速5%的产业能级高质增长目标，培育时尚消费品领域"上海标准"，把握数字时尚消费崛起趋势，推动数字技术在制造端和消费端的场景应用，布局优化时尚产业集群，并给予了各种专项支持政策。此外，上海市政府积极开展营商环境优化，提升法制化、国际化的时尚产业发展环境，还对标国际上的准则开设了一系列先行先试的制度。

在一系列政策支持下，上海时尚产业不断优化升级，完成了从生产代工向自主品牌建设的转型，在新发展形势下又开启了从"规模扩张"转向"结构升级"，从"要素驱动"转向"创新驱动"的高质量发展新征程。特别是在第四次工业革命与5G技术的推进下，上海的时尚产业发展更是与数字技术相渗透，展现出数字时尚和虚拟时尚的新模式，科技、绿色、数字化也成为时尚行业的新定位。

三、上海时尚产业创新发展路径

产业的创新发展，需要通过不断厚植产业发展的基础和条件，为产业的创新发展带来持久动力。上海作为社会主义的国际大都市，要实现时尚产业创新发展，就需要从供给侧和需求侧同时发力，通过产业发展条件的培育和生态环境的优化，不断进行数字创新升级，大力推进载体场景优化，构建完整时尚生态体系，推动时尚产业高质量发展。

（一）不断夯实时尚产业数字化转型的基座

数字化转型是新一轮科技革命的集中体现，是整个社会发展的趋势和浪潮。时尚产业作为产业发展的高级形态和产业升级的重要代表，数字化转型对其创新发展更显得尤为重要，如此，具有重大而深远的影响。要顺应整个社会数字化转型的浪潮，重点围绕数字化和智能化在"增品种、提品质、创品牌"等方面的效应，实现产业的数字化转型和消费品产业的交叉融合，形成时尚消费品品种、品质、品牌的重塑和新生。

1. 以科技研发增强产业基础发展能力

要重视基础研究的投入和外溢效应，加大关键技术和关键零部件的投入，支持在沪高校、科研院所、产业协会、行业组织等机构开展时尚产业发展的基础理论、产业路径、基础数据、规范标准研究，通过强化科技研发投入增强时尚产业发展的内生强大动力。要把握数字技术的底座效应，聚焦面向个性化定制的新材料、新工艺、新技术等关键核心技术突破，大力促进科技成果的产业化应用以及科技成果的创新示范效应。要重点发展需求驱动型的产品研发模式，促进时尚产品的供需有效对接，利用大数据时代的信息技术和数字资源，发挥数据在个性化产品研发中的赋能、增值和启智作用，提升供应链管理效率。鼓励企业加大数字化转型的力度和速度，建设高标准数字化产品创新实验室，推动数字孪生技术在新产品研发、生产工艺优化、产品测试中的应用，发挥数字技术在基础研究中的巨大作用，实现科技研发的降本增效效应。

2. 加快制造流程的数字化改造

针对时尚产业的小规模、个性化等特点，要在制造流程环节加快数字化技术应用，探索柔性生产、敏捷定制等高品质数字化精益制造模式，充分利用大数据、云计算、人工智能等新一代数字技术对生产制造环节的重塑和改造。支持5G全链接工厂建设，以及基于云计算、数字孪生的生产控制平台建设等。聚焦时尚消费品生产、管理等环节，有针对性培育一批综合应用工业App、智能传感器、机器视觉、自动化控制等技术的数字制造解决方案供应商。发展智能化、可视化、透明化的智慧供应链，推动开发仓储物流管理软硬件设施升级，鼓励企业与供应链伙伴开展数字化升级协同，促进原材料和产品溯源体系及公共服务平台建设。探索运用虚拟现实、大数据、物联网等技术，推动智能终端研发和应用，构建信息消费空间和智能商业物联网生态。

3. 打响上海时尚品牌新声誉

重视时尚产业声誉培育和品牌建设，加强上海时尚产业隐形冠军培育，可以先从引领示范企业的培育开始，并不断提升上海时尚业品牌数字化的管理能力。通过吸引跨国企业、国内头部时尚企业职能性总部、地区性总部落地上海，助力一批行业优势品牌、焕新一批国民经典品牌、培育一批潮流新锐品牌、提升一批老字号品牌，增强国内国际知名度，打造线上线下品牌开拓首选地，满足个性化消费需求。推动"上海品牌"认证对时尚消费品品牌的培育和评价，支持企业积极参加国家级、市级消费品及相关服务领域标准化试点，参与国际标准、国家标准制定与转化。

4. 切实加强创意设计能力建设

创意设计对时尚产业发展极其重要，没有好的创意设计几乎不可能有时尚产业的高质量发展。要尽可能提升创意设计能级，通过政策支持创建国家级工业设计中心、市级设计创新中心，引进一批设计研发中心总部落户上海，促进时尚设计、工业设计、服务设计、绿色设计等领域先行发展，推进数字化设计高地建设。加强设计工具与设计软件的研发与推广，推动设计技术、经验、知识模型化和标准化，鼓励企业建设设计工艺、图案、素材数据库，发展智慧设计应用。加强流行趋势、行业信息、设计工具、柔性试制、检验检测、人才实训等公共服务提供，依托在线新经济平台，探索发展众包设计、云设计、协同设计、用户定制设计等新模式。

（二）大力推进载体场景优化

产业布局关系着产业未来的发展。要推进上海时尚产业的创新发展，需进一步加强时尚产业布局，引导特色优势时尚消费品产业发展，通过发挥中心城区服务业集聚优势，强化周边城区先进制造主体承载功能，协同联动，推动消费场景与技术发展方向融合，拓展消费功能，丰富消费体验，引领全球消费潮流。

1.推进产业载体新的布局

布局"1+9时尚星云"产业空间，着力构建国家级行业特色区域和产业集群。加强市区联动，围绕关键性产业链发展、产业链创新能力提升、知名品牌集聚等，创建一批市级时尚消费品特色产业园区。以区域时尚消费品总部为核心，打造市、区两级具有品牌载体功能的精品园区、时尚创意示范空间、特色消费街区。加强"双循环节点"产业共创平台建设，开设中国国际进口博览会时尚消费品专区，举办"上海制造"佳品汇，推出数字消费、元宇宙展览、低碳生活等潮流主题，持续提升上海时装周、上海设计周等活动的国内国际影响力和辐射力。引进世界级潮流时尚活动落户上海，吸引全球时尚消费品在上海发布、营销，推动更多国际知名高端品牌、新兴时尚品牌集聚。

2.推进不同消费场景的深度融合

引导企业布局线上线下融合的服务消费场景，推进时尚消费品同健康、养老、育幼、文旅、体育等生活性服务的业态融合。推出一批体现上海特色、人气兴旺、先锋新锐的夜经济、集市经济、节日经济消费场景。利用上海中国国际进口博览会国家战略平台，持续放大其对时尚产业发展的溢出效应，用好"五五购物节"平台，打造"全球新品首发季"。发展极具特色的工业旅游产业，依托上海丰富的工业遗产等资源，打造一批工业旅游消费体验精品线路，推动建立市博物馆、艺术馆、美术馆与时尚消费品企业的联动产品设计机制。

3.深刻把握国潮文化的新风尚

支持传统文化与现代要素相融合，聚焦用好用活传统文化资源，迎合把握潮流文化需求，围绕数字技术下资源展览展示升级，深度应用先进增材制造（3D打印）技术，人工智能、VR/AR、元宇宙等沉浸式数字技术，加强内容、技术、模式、业态和场景创新，打造带有中国特定元素潮流、体现东方美学设计的款式产品，对接海内外优质设计师团队及创意孵化团队，促进消费品开发与青年文化需求紧密对接，鼓励创作具有显著城市印象的纪念品、伴手礼，推动展品、文创产品迭代升级，带动消费品品牌建设升级。

（三）构建完整时尚生态体系

推进时尚产业创新发展，需要制造时尚产业适宜发展的生态环境，通过生态体系建设，营造时尚产业分层聚居的环境。时尚业各类产业生态的构建和集聚，有利于推进技术创新和人才的流动，全面增强时尚产业的自主创新能力，提升上海时尚产业的规模和效率。

1. 打造绿色环保型的新产业方向

支持科技型、功能型、环保型新材料和原材料的研发和应用，推动可降解与可循环利用材质应用，促进自然、环保、可降解的材料发展和供应。发展智能制造、绿色制造、服务型制造、"互联网+"，打造先进技术应用场景，推动时尚消费品全流程绿色化智造，带动产业链、供应链绿色协同提升。以可持续时尚为导向，加强全生命周期管理，扩大绿色低碳消费品有效供给，加强废旧消费品回收利用处理，减少设计、生产、运输、使用、回收等各环节的碳排放。

2. 加快时尚出品的品质认证

加快研究制定"上海时尚出品"遴选标准，开展认证实践，对上海制造及来沪首发、首秀、首展的高端时尚消费品进行品质认证，发布"上海时尚100+"，支持创建市级时尚引领示范企业，确定上海在时尚消费品产业领域的领航话语权。编制上海市时尚消费品产业发展报告，探索研究上海时尚消费品产业数据库和产业发展指数。

（四）加大时尚产业的集聚

产业集聚有利于专业知识的创新，促进区域内企业的技术模仿和学习，以及新思想、新理念的传播，并激发更多人才的创新，推动区域内相关产业的技术进步和经济增长。时尚产业属于高知识、高技术密集度的产业，也需要更高端、更专业的相关人才。区域经济学中产业集聚理论在时尚产业发展中具有更大的解释力，因此推动上海时尚产业创新发展，需要促进上海时尚产业的集聚度，通过产业的进一步集聚，促进时尚产业的高质量发展。

1. 做好时尚产业的科学规划和产业布局

政府在产业发展过程中要进行科学的规划，充分利用经济体系中其他产业的基础设施和发展条件，构建有利于促进时尚产业上下游产业链集聚和相关人才富集产业发展规划。在发展规划和产业布局过程中，要加强政府各部门的联系，获得更加准确、全面的信息资料，建立各部门信息共享机制，尽可能制定面向未来具有前瞻性的科学规划，能有效地促进上海时尚产业的进一步高速发展。

2. 吸引更多国际时尚品牌落户上海

引进一批全球、全国头部企业职能性总部，助力一批行业优势品牌、焕新一批国民经典品牌、培育一批潮流新锐品牌、提升一批老字号品牌，增强国内国际知名度，打造线上线下品牌开拓首选地，满足时尚产业个性化消费需求。通过进一步扩大开放，并充分发挥上海国际化大都市的"四大中心"功能和优势，积极吸引时尚产业跨国巨头来沪投资兴业，带动国内外上下游产业在专业园区的集聚，通过专业化分工和知识思想的碰撞，促进更多时尚新产品的出现，推动上海时尚产业的高质量发展。

3. 促进发展要素的进一步集聚

产业的发展，特别是将打造成为主导产业的发展，需要各种要素的参与和加持。时尚产业是典型的高端产业，需要参与的要素会更多、更高端。不仅需要人才的集聚，市场的集聚，更需要资本的集聚。因此，推进上海时尚产业的高质量发展，需要人才、市场、资本的集聚和结合。创新资本市场制度，发挥各种资金的积极作用，建立多层次的金融服务体系，支持符合条件的企业利用多层次资本市场融资，探索设立时尚消费品产业基金，发挥杠杆作用，带动社会资本投入，鼓励各类金融机构围绕相关企业创新金融服务。

四、上海时尚产业创新的政策措施

促进上海时尚产业创新发展和高质量发展，就需要出台相应的政策支持，通过发挥有为政府的作用，实现有效市场和有为政府的有机结合，合力不断实现时尚产业的高质量发展。为产业的高质量发展营造良好的氛围，提供优越的环境、提供充足的人才支撑。

（一）加大财政政策的扶持力度

财税政策是政府产业政策的最重要组成部分，通过实施财税政策，发挥财政资金的激励和引导作用，能够调动市场微观主体——企业的积极性，改变企业内在激励，促进企业做大做强，推动时尚产业高质量发展。要统筹财政各方面资助体系，形成政策合力，特别是要用好促进产业高质量发展、文化创意产业发展、服务业发展引导等专项资金以及各区相关专项资金，发挥财政支持政策的乘数效应。在发挥市政府财政资金的同时，还要引导各区出台相应的配套扶持政策，并协同支持时尚消费品企业发展，促进时尚产业的上下游联动，扩大上海时尚产业的市场竞争力和国际影响力。

（二）加强知识产权保护

时尚产业是高知识、高技术的产业，且更容易被同行侵权模仿，对知识产权的保护比一般产业更加依赖。知识产权的有效保护，不仅能有效助力传统的时尚生产产业向创意、设计、科技等方向发展，而且能加强创新思维和创新人才的培养，弥补上海本土时尚品牌具备了生产制造的优势，但在关键的创意设计方面处于劣势的局面，还能提升其在全球时尚产业的话语权，加快时尚产业优化升级。

（1）要鼓励企业积极运用知识产权授权许可机制，大力发展壮大时尚消费品产业品牌。鼓励企业积极运用知识产权授权许可机制，获得国际知名时尚品牌的授权，从而形成本土时尚企业与国际时尚企业的链接，在时尚产品设计、生产、销售等方面都能学习国际时尚知名品牌的经验，使得本土时尚品牌获得较快成长。

（2）要加大知识产权保护力度，引导企业提升知识产权保护意识和能力。完善知识产权保护的法律法规，加强知识产权法规的执行、实施，能极大限度地打击侵犯知识产权的行为，在社会上形成尊重知识、尊重创新的示范效应。

（3）加快数字化方面的立法，形成完备的数字时尚政策配套体系，设立专门的数字时尚监管机构，追踪统计数字时尚的相关数据。

（三）加快人才特别是高层次创新人才的培养、引进。

人才是企业发展的第一宝贵资源，也是产业发展壮大的最重要因素。而时尚产业又是高度的知识或技术密集型产业，因此，要推动上海该产业的高质量发展，就需要发挥人才的主动性和创新性，为产业发展带来不竭动力。首先，要加大人才培养力度，重点培养复合型创新人才。其次，要合理引进高端人才。最后，还要充分高效地利用人才。围绕"全方位培养、引进、用好人才"要求，着力引育一批海内外时尚消费品领域具有较大影响力的产业领军人才。依托上海市东方领军、东方青年、产业精英等人才计划，培养一批"首席设计师""工艺美术大师"等，打造高水平人才团队。建设好时尚消费品重点领域高技能人才培养基地，推动重点企业、院校、园区建立产学研用人才培养体系。

（四）进一步优化产业发展的营商环境

时尚产业高质量发展需要良好的外部环境，特别是营商环境这方面。地区营商环境越优越，越有利于增强企业的发展信心，有利于降低企业间的交易成本，促进企业增加投资，加大研发投入，着眼于企业的长期品牌建设和声誉机制建设。时尚产业内的企业大多为民营企业，更需要良好的营商环境以稳定其发展预期。为进一步优化产业发展环境，上海市需要进一步基于数字技术的政府治理建设，让企业少跑腿，让数据多跑路。同时，要减少对企业的行政干预，减少企业不合理的税费负担，为企业高质量发展减负。政府要做企业服务的店小二，发挥有为政府的作用，切实解决制约企业发展中的各种问题，一方面能促进在沪时尚企业的做大做强，另一方面也能吸引更多其他地区的时尚企业来沪发展，形成更具能量的集聚效应。

（刘慧　上海立信会计金融学院保险学院

汝刚　上海财经大学公共经济与管理学院）

参考文献

［1］陈文晖，李虹林．我国数字时尚产业发展战略研究［J］．开放导报，2022（6）：33-40．

［2］陈文晖，王婧倩．数字经济赋能时尚产业发展的策略研究——以北京市为例［J］．价格理论与实践，2023（4）：190-193．

［3］鄂冠男．时尚传播专业视域下的OBE教学模式实践与探索——以时尚影视创作课程为例［J］．艺术设计研究，2022（5）：122-128．

［4］方思琦．时尚企业可持续发展转型的路径研究［J］．化纤与纺织技术，2023，52（3）：74-76，143．

［5］郭一鸣，王阳．品牌在虚拟时尚层面针对"Z世代"的新对策探讨［J］．中国商论，2023（6）：136-139．

［6］李萍．接轨时尚产业的中外合作办学服装专业人才培养探究［J］．艺术教育，2023（8）：233-236．

［7］李子晗，陈良雨，郭永超．数字化产业背景下基于"玩中学"理念的时尚展演类课程改革探索与实践［J］．服装设计师，2023（8）：139-143．

［8］缪顾贤．"数智"赋能下浙江纺织时尚产业创新创意设计水平提升路径研究［J］．产业与科技论坛，2023，22（3）：123-125．

［9］秦悦．创新设计助力优化供给［J］．纺织科学研究，2023（1）：43-45．

［10］舒寒．宁波时尚消费集聚区优化提升对策研究［J］．宁波经济（三江论坛），2023（8）：15-18．

［11］唐汉．以创新驱动产业发展［J］．西部皮革，2023，45（9）：2．

［12］徐寅琼，罗竞杰．时尚品牌的可持续创新再设计实践［J］．服装设计师，2023（Z1）：146-152．

［13］许桂苹，吴翔．以海派文化驱动上海设计时尚未来［J］．东华大学学报（社会科学版），2022，22（4）：77-83．

［14］张洁．关于服装快时尚化问题及其可持续发展的思考［J］．西部皮革，2023，45（6）：48-50．

［15］赵雪玉．数字经济视域下无锡纺织服装产业与文化创意产业融合的研究［J］．纺织报告，2023，42（3）：25-26，33．

［16］周雯，潘海音．双碳目标下服装产业可持续时尚发展研究［J］．针织工业，2023（2）：75-79．

第五篇

发展趋势篇

第十章 产业聚集升级与我国时尚产业发展趋势

产业聚集是在市场配置、政府调节等多重力量影响下，形成的企业空间聚集现象，当某类产业聚集程度达到一定的规模和水平就形成了产业集群。产业集群能充分获取规模经济、知识溢出效应等发展优势，对推进区域产业发展效用十分突出。产业集群反映着产业的布局状态与综合发展水平，是产业区域格局的重要表现形式。增进对集群产业的综合治理，引导产业集群做大、做优、做强发展，是我国发展区域经济的有效形式。

我国现代的时尚产业集群在国家发展市场经济、实行对外开放交流的时代背景下开始发轫，经过三十多年发展，当前在全国各地已形成了规模庞大、行业特色明显的数百个产业集群，它们全面、深刻地影响着当地经济的发展走向，以及人民生产生活的方式与水平。随着全球商品市场需求的升级变化，以及我国时尚产业的发展程度不断提高，我国时尚产业也相应走上了升级发展道路，其中产业聚集升级是产业升级的重要部分。产业聚集升级是产业体系与产业生态升级的综合体现，它首先表现为区域产业的"三品"升级，其次表现为区域产业在经济、服务、管理上的全面升级，最后表现为产业向国际化、绿色化、普惠化方向发展的升级。

当前，我国时尚产业集群在数量和规模上都取得了可观的成就，但仍然存在着一定的问题。例如，东西部地区集群间发展差距较大，不同集群间的发展水平参差不齐，集群发展的总体水平还不够高。集群内部也不同程度存在着集聚程度低、创新能力弱、信息化水平不强、品牌培育力度不够、公共服务平台不完善、基础设施不配套等现象。集群未来的发展，仍然面临产业发展和资源环境矛盾突出、产业链联系不够紧密、低成本竞争优势逐渐减弱等问题。因此，以科技、时尚、绿色等发展理念为引领，克服和摆脱价值链低端锁定状态，推进产业集群可持续发展和转型升级，促使其在更大范围内形成显著的规模效应和较高的市场占有率，走在绿色革命、科技发展的前沿，建造出一批具有中国特色的世界级产业集群，已成为当前推动我国时尚产业发展的重要任务。

当前我国经济发展已由高速增长阶段转向高质量发展阶段，要推动我国时尚产业集群的升级发展就要坚持走时尚产业高质量发展道路，以此为主线推动时尚产业集群升级发展的各项工作与部署。各地集群必须牢牢把握高质量发展的要求，坚持质量第一、效益优先，推进供给侧结构性改革，推动质量变革、效率变革、动力变革，加快科技创新、提升文化内涵，创建适宜集群升级发展的各项制度与环境。

一、产业聚集升级的成因、表现以及对我国时尚产业的影响

（一）产业聚集升级的成因

1. 内因分析

（1）市场需求的变化。时尚产业与全球人民生活紧密相关，是一个高度市场化的行业，国内外消费水平的变化，决定着产业发展的规模格局与产品内容。首先，从我国开始改革开放至今，全球经济总体上获得了较大发展，对服装服饰、家居生活等时尚产品的消费能力大幅提升。其次，消费者需求在不断提档升级，对产品质量、服务方式、品牌文化等持续提出新的要求。最后，全球消费市场的格局在不断变化，如发展中国家、"一带一路"沿线国家的消费市场快速崛起。

（2）市场供给的变化。服装服饰产业转移至我国内陆地区后，因我国巨大的人口红利以及土地资源等优势而快速发展，促使我国成为产业体量最大的国家。然而，随着我国整体国民经济的提升，产业用工成本、土地成本等也在不断攀升，生产要素价格的提升对我国走产业升级道路产生了现实的压力。

（3）产业链组织形态的变化。在产业规模的大幅提升过程中，我国时尚产业的产业链也在不断延伸扩展。以纺织服装产业为例，我国已形成了完整的产业体系，不同的细分产业彼此交叉、交融发展，为产业创新提供了丰厚的土壤；此外，围绕产业链的逐步完善，产业服务更加专业、精细，构建了庞大的产业生态。产业链组织形态的变化，对产业聚集升级提供了条件和动力。

2. 外因分析

（1）国际宏观经济环境快速变化。我国时尚产业在加入WTO后，因全球化的不断深入获得快速发展。以纺织服装产业为例，目前我国纤维加工量已经占据全球50%以上，纺织服装出口约占国际贸易总量的1/3，国际市场的迅猛发展，是我国纺织产业实现腾飞的一只翅膀。然而当前，国际关系深刻调整，正在推动国际经济贸易合作格局发生改变。在经济全球化重构、安全发展理念强化的背景下，发达国家加强对高端技术装备的控制力，全球生产制造体系围绕大型自由贸易区加重布局，各国间纺织贸易、投资领域竞合关系更趋复杂。在复杂经济形势下，国际经济、贸易环境前景均存在较高的不确定性。对此，我国时尚产业集群需要调整、升级，积极应对国际经济环境变化带来的挑战。

（2）国内宏观经济环境快速变化。我国时尚产业在东部沿海地区快速发展，逐渐形成了产业聚集的发展形态。通过政府支持引导、市场调节，各集群地区构建了较为完整的产业链和供应链体系，产业规模巨大，经济效益良好。然而随着我国经济整体进入转型发展阶段，东部产业聚集地区逐渐凸显出用地紧张、招工难、环境污染严重等问题。近年来，我国经济面临需求收缩、供给冲击、预期转弱"三重压力"，尤其受新型冠状病毒感染疫情影响产需良性互动面临较大压力。推动我国东部地区产业集群转型升级以及适当向中西部转移发展，成为当前的紧迫任务。

（3）行业科技快速革新变化。新一轮科技革命深入发展，材料科技占据前沿位置，以高性能、多功能、轻量化、柔性化为特征的纤维新材料，为纺织行业价值提升提供重要路径❶。新一代数字化、信息化、智能化技术与纺织行业加深融合，正在推动纺织产业链、供应链提质增效，带来业态更新与价值延伸。我国科技创新的基础设施条件和体制机制不断完善，技术应用与创新生态不断丰富，跨界创新、融合创新实践不断涌现，为产业的高质量发展提供有利条件。

（4）绿色发展成为全球产业发展的刚性要求。全球气候治理形势紧迫性凸显，对国际经济及产业体系形成重要影响，绿色发展不仅成为国际时尚供应链采购决策和布局调整的现实影响因素，也将是时尚产业国际竞争力和话语权的重要来源。我国已制定2030年前实现碳排放达峰、2060年前实现碳中和的目标，对时尚行业绿色发展形成刚性要求。科技持续创新突破，为行业破解绿色发展约束、构建可持续发展路径提供坚实支撑❷。

（二）产业聚集升级的表现

1.集群企业梯队式发展，大企业引领作用不断增强

我国时尚产业集群以中小企业聚集为主，但经过多年的发展，规模以上企业的数量和产值比例一直在持续增加，目前集群中规上企业的产值产占比已经达55%以上。大多数产业集群中，已有一部分龙头企业脱颖而出，在科技创新、产品研发方面发挥主导作用，在业务外包、生产协作等方面对中小企业起到引领和带动功能。整体上，各地集群的企业结构，呈现出梯队式发展的状态，为集群后续进一步优化、提升发展质量奠定了基础。

2.产业数字化、智能化建设快速推进

近年来，我国各行业数字化、智能化发展迅速，在时尚产业的各环节、各领域，数字化、智能化水平也均获得大幅提升。2017—2022年，纺织行业两化

---

❶❷ 中国纺织工业联合会. 纺织行业"十四五"发展纲要[R]. 2021.

融合发展水平评估分数从48.4提升到56.6，实现了16.9%的跃升，增速高于全国的11.6%的平均增速，行业数字化转型成效持续显现。产业集群中的龙头企业如恒力集团、申洲集团、荣盛集团、波司登集团、恒申集团、红豆集团、天虹集团、无锡一棉、新凤鸣集团、大杨集团等企业经过多年的数字化改造，数字化能力已经得到大幅度提升，部分车间、工序、工厂已实现智能化运行，数字化水平在国际同行比较中也处于领先地位❶。这些大企业也同时带动了大批中小企业数字化改造的步伐，带动了产业集群地区行业整体数字化水平的提高。

3.产业配套服务更加完善

产业配套服务体现着集群地区分工协同的综合水平，是产业生态建设的重要领域。近年来，我国时尚产业集群地区积极推进公共服务数字化，超过半数以上的集群地区在政策制定、资金支持、5G基站建设、政务服务平台建设、仓储物流、绿色环保等多方面为集群企业提供了良好的数字化转型升级发展环境。此外，众多的平台服务商以典型业务场景为牵引，从企业共性需求入手，将共性需求转化为平台化的系统解决方案和产品，大幅提升了产业链服务水平。

4.产业专业人才作用更加凸显

随着我国时尚产业科技水平不断提升，以及市场对增品种、提品质、创品牌的要求提高，企业间的竞争也随之拔高了层次，高水平专业人才的作用更加凸显。当前各地集群纷纷出台了各类招贤引才的优惠政策，加强对院校的合作交流。产业集群地区不同程度上建成了包括国家制造业创新中心、国家重点实验室、国家企业技术中心以及纺织行业重点实验室、纺织行业技术创新中心等一批科研机构，在开展技术产品开发、质量检测认证、人才培训服务等方面赋能产业发展。

（三）产业聚集对我国时尚产业的影响

1.产业协作水平大幅提高

产业聚集最直接的效应是提升了我国时尚产业的协作水平。规模经济、溢出效应叠加，既节约了生产成本，也加快了研发创新。集群地区的专业市场、科创服务中心、行政审批中心等设施，为企业的发展需求提供了多种解决方案，促使企业在生产销售服务等产业环节能做到专注发展。以濮院毛衫集群为例，当前这里的市场内汇聚了1.3万多间门市以及6000多家羊毛衫生产企业，300间直播间已然就绪，智能生产中心、智慧物流云仓实现快速响应，1万平方米摄影基地服务一应俱全，形成集设计、生产到销售于一体的完善的毛衫产业体系。在濮院，一件普通样式的毛

---

❶ 夏令敏. 守正创新，勇毅前行，建设现代化纺织产业集群[J]. 纺织服装周刊，2022（47）：12-13.

衣，需要经过21道工序，不同的企业只专注于某些环节，依靠市场链接、协调完成，效率非常高。

2. 市场竞争能力快速加强

产业聚集形成的规模经济效应有利于企业摊薄成本，帮助企业依靠在国内市场获得的低成本优势走向国际市场，提升国际市场占有率和竞争力。随着我国时尚产业聚集水平提高，企业的综合实力在不断增强，产品品质和服务水平在不断提高，促使其市场竞争力也得到快速加强。2022年我国纺织服装行业在受新型冠状病毒感染疫情冲击、地缘政治影响的情况下，出口总额达到3233.45亿美元，再创历史新高，行业在保持规模优势的同时，实现质的飞跃。我国出现了一批世界级的纺织服装企业、品牌；行业在材料创新、工艺创新、装备创新方面有了新的发展；中国纺织在全球的时尚影响力不断提升，中国设计、中国品牌、中国平台不断赢得全球的认可与尊重。

3. 创新发展速度加快

聚集化发展形成知识、技术外出效应，助推我国时尚产业加快创新发展。当前，我国纺织服装行业研发投入和创新产出大幅提升，创新基础设施和产业链协同创新机制不断完善。这体现在众多方面，首先，行业突破了一批"卡脖子"技术难题，纺织科技创新已经从"跟跑、并跑"进入"跟跑、并跑、领跑"并存阶段。其次，纤维材料不断取得突破，高性能纤维创新飞速发展，导电智能、生态抑菌、功能保温、速干凉感、绿色循环等差别化、功能性纤维材料竞相涌现，有力支撑了功能纺织品开发与应用。最后，在数字经济推动下，行业要素更新、流程再造和场景延展取得长足进步，在化纤、纺纱、印染、非织造布、针织、服装、家纺等智能化生产线建设方面取得明显成效，网络协同制造、大规模个性化定制、小单快反柔性制造等新业态、新模式快速发展，行业企业"上云、用数、赋智"活跃❶。

二、我国时尚产业聚集升级的发展历程

（一）初步形成阶段

20世纪80至90年代，全球纺织服装产业由"亚洲四小龙"等地转移至中国。而我国自20世纪70年代末也开始进行改革开放，巨大的劳动力市场吸引了纺织服装行业向中国内陆地区转移。一批纺织产业集群在此背景下开始了聚集发展的步伐。

---

❶ 孙瑞哲.非凡十年书写盛世华章，纺织行业高质量发展为江山披锦绣[J].纺织服装周刊，2022年10月11日.

最初的产业集群，要么起源于外资企业的引入与带动，要么来自国有企业的转型、扩散。在此阶段，首先是一些东部沿海地区出现了产业集群的雏形，企业依靠增加产能、市场扩张获得发展，发展形态低端、粗犷。

（二）快速壮大阶段

我国加入世贸组织后，纺织服装产业因人口红利等优势，再次获得飞跃式发展，外贸出口大幅增长，产业聚集规模进一步壮大。2001年我国纺织品出口占全球市场10.33%，至2021年占比达到43.5%；2001年我国服装出口占全球市场18.24%，之后逐渐增高，2013年达到历史最高值39.17%。2014年以后，我国服装出口占全球比重有所波动，但仍然维持在较高水平。

在此阶段，全国产业集群加快聚集步伐，纷纷出现和完善产业园区、专业市场、研发机构等，聚集形态更加明显，聚集水平提升层次。各集群地区的产业大步提升了产品品质，产品品种也快速地丰富起来，一大批本土品牌也逐渐扩大了知名度。

（三）调整升级阶段

随着我国纺织服装产业在东部地区大量聚集，用地紧张、招工不足、环境污染等问题日益凸显。此外，在国际产业格局中，越南、印尼、孟加拉国等国家也大力发展纺织服装产业，国际市场占比提升明显。我国以东部地区为主的产业聚集面临着调整升级的压力，一方面部分产能加快向中西部地区及东南亚国家转移，另一方面本地产业加快调整优化步伐以适应新的发展要求。

工业和信息化部2010年发布《关于推进纺织产业转移的指导意见》提出，因地制宜推进纺织产业转移。通过兼并重组或新增投资等方式将纺纱、缫丝、织造、制品等部分制造环节转移到具有一定产业基础的中西部和东北地区；支持有订单的纺织企业通过采购和经营合作等方式，加强与中西部和东北地区纺织企业合作；鼓励优势纺织企业以技术和管理方式加强与中西部和东北地区纺织企业的对接。

2021年我国纺织服装行业发布了《纺织行业"十四五"发展纲要》，明确了"科技、时尚、绿色"的产业定位，指出我国纺织行业以"创新驱动的科技产业、文化引领的时尚产业、责任导向的绿色产业"为发展方向，并提出到2035年我国基本实现社会主义现代化时，我国纺织工业要成为世界纺织科技的主要驱动者、全球时尚的重要引领者、可持续发展的有力推进者。

三、我国时尚产业聚集升级的SWOT分析

（一）优势

1. 整体规模大

以纺织服装产业为例，我国是全球最大的纺织服装生产国、出口国和消费国，而这样的产业地位，是由许多条件共同支撑形成的。在市场方面，我国人口众多，人民生活水平不断提高，具有庞大的内需规模；经过改革开放四十余年的发展，我国民营经济已经发展充分，具有规模庞大且运行活跃的资本力量；我国地大物博，原材料生产供给能力强大，在全国范围内可进行土地、用工调配，产业纵深大；我国经济蓬勃发展，是世界经济增长的主要引擎，在国际交流、港口物流条件等方面拥有良好的基础条件。总之，综合诸如上述的资源条件，我国的纺织服装产业在全球范围内，无论是相对于发达国家还是发展中国家，均拥有难于撼动的大国地位。

2. 产业体系完备

新中国成立以来，我国纺织行业以满足全国人民基本物质生活需要为起点，历经市场化改革与国际化竞争淬炼，逐步发展形成了全世界最为完备的产业体系，纤维加工总量及出口总额长期稳居全球首位，在国际纺织产业链分工和供应链体系中占据重要地位，综合竞争力跻身世界纺织强国之列，是我国制造业具备国际竞争力的重要支撑力量。

中国纺织服装产业具有明显的体系优势，主要包括以下四个方面：一是中国拥有庞大的棉花、化纤等纺织原料资源；二是中国纺织服装产业在棉、麻、毛、丝、化纤等纺织领域，在服装、家纺、产业用等产品生产，均构建了完整的生产体系；三是中国的纺织机械、配件等产业日益成熟，为纺织业的发展提供了有力的支持；四是我国纺织服装行业构建了完整的职业教育体系，在不同学历层次上形成了学科齐全、专业特色突出的人才培养机制。

3. 行政整合能力强

我国纺织产业集群的发展特点之一，在于地方政府的扶持和干预力度强大，许多集群的纺织产业甚至就是地方政府一手规划和引进建设起来的，这是我国纺织产业发展的制度优势。在集群的升级发展中，地方政府的作用仍然至关重要，担负着对整个集群发展进行规划引领，开展重大投资建设，鼓励扶持创新进步，对产业布局进行规范和整合，刺激和鼓励企业向创新的道路上发展，加强集群地区的产业基础设施建设，完善各类产业政策和管理制度，监控环境保护、资源节约等重任。

（二）劣势

1.企业实力水平整体偏低

我国纺织服装产业集群地区中小微企业数量占比超过90%，广大中小微企业创新发展实力不足。集群企业普遍以民营企业特别是家族企业为主，其中很大一部分尚未建立法人治理结构的现代企业制度，缺少科学合理的决策机制和经营管理模式。部分企业经营者文化水平不高，管理理念落后，管理方式粗放、简单、低效；部分集群企业缺乏专业管理团队，或者基本以亲友为主，外来管理人员和技术人员难以融入其中；部分集群企业技术人才匮乏，导致企业技术力量薄弱，缺乏自主开发和工艺改进力量，形成中小企业"低端锁定"困境；部分集群所在区域城市化水平滞后，难于引进高端人才。

2.人才资源不足

纺织行业待遇水平整体偏低，东部地区普遍出现招工难、工人不足，以及工人老龄化严重等问题。众多的生产型集群多位于县、乡级行政区域，生活环境相比大城市落差较大，企业难于引入高端人才。此外，我国纺织服装行业职业教育尚需进一步完善，当前还存在着产学研合作不足、学科建设不完善、人才培养与需求不匹配等弊端。

3.服务配套不完善

产业生产服务及配套设施不完善。部分集群仓储资源紧缺，商场电梯、停车位等配套不足，各类公共服务平台的功能没有落地。此外，生活配套不完善。众多集群地区的城镇化发展还不够完善，产业发展受到了限制；集群内没有足够的生活休闲娱乐场所，没有足够的教育资源等生活配套，对高端人才的引进、安置缺乏吸引力，区域内交通拥堵的情况比较突出。

4.产能结构性矛盾突出

我国纺织服装产业，以民营经济为主，中小型企业、家庭作坊的生产业态特点突出。长期以来，大量低端制造的产品充斥着市场，同质化、无序竞争现象突出。解决产能结构性过剩问题以及优化产业结构调整是实现纺织强国的必经之路。在国家实行供给侧改革的背景下，纺织产业去结构性过剩产能的态势将不断推进，行业的发展将随之出现一定时期的调整变化。在这一过程中，部分技术创新快、设计研发能力强、市场需求满足程度高的企业将获得持续的增长空间和市场份额。而部分生产效能低、市场变化应对能力弱、产品质量和品牌缺乏竞争力的企业将会逐渐被行业淘汰。

（三）挑战

1.东南亚国家产业崛起形成竞争压力

东南亚及南亚主要新兴国家关税优势突出，国际贸易环境良好。随着我国经济的高速发展，我国陆续从各发达经济体的普惠制待遇（GSP）中退出，而东南亚及南亚主要新兴国家目前大部分仍持续享受最惠国税率基础上的关税减让，甚至零关税的准入待遇。除了普惠制待遇之外，东南亚及南亚各国大多签署多个区域性或双边的自由贸易协定（FTA），提供了良好的贸易环境（表10-1）。

在一定时期内，东盟等产业新兴国家，产业体量将继续增大，增速超过全球平均水平，在国际市场占据更多份额。我国纺织服装产业与东南亚、南亚等国家，将形成互相嵌套、补充的发展格局。我国将在这一经济区域成为产业枢纽中心，带动周边国家发挥各自资源禀赋，共同融入和参与纺织产业国际市场。在长时期内，中国和周边国家将共同成为全球纺织产业生产制造的主要一极。

表10-1 东南亚及南亚主要新兴国家贸易协定情况及税收政策

国家	贸易协定			税收	
	美国	欧盟	日本	企业所得税	增值税
中国	APEC		RCEP	25%	3%、6%、9%、13%
印度	—	印度—欧盟 FTA（在谈）	印度—日本 FTA RCEP	30%—40%	—
印尼	APEC 普惠制待遇	印尼—欧洲自由贸易联盟 FTA 普惠制待遇	东盟—日本 FTA 印尼—日本 FTA RCEP APEC 普惠制待遇	20%	10%
巴基斯坦	普惠制待遇	超普惠制待遇	普惠制待遇	30%	—
孟加拉国		普惠制待遇	普惠制待遇	25%～45%（成衣：15%，纺织：20%）	15%
越南	APEC	越南—欧盟 FTA 越南—英国 FTA 越南—欧洲自由贸易联盟 FTA 普惠制待遇	东盟—日本 FTA 越南—日本 FTA CPTPP RCEP APEC 普惠制待遇	20%	0、5%、10%
缅甸	普惠制待遇	普惠制待遇	东盟—日本 FTA RCEP 普惠制待遇	25%	—
斯里兰卡	普惠制待遇	超普惠制待遇	普惠制待遇	18%（制造业）	8%
柬埔寨	普惠制待遇	普惠制待遇	东盟—日本 FTA RCEP 普惠制待遇	20%	10%

资料来源：中国商务部、公开信息、浙商证券研究所

2. 国际政治、经济格局变化的影响

（1）中美关系紧张、欧盟国家依附美国。一是美国持续干涉台湾问题，中美关系潜伏着随时走向紧张的矛盾因子。二是中美博弈，美国限制中国崛起，在核心科技、高端产业方面限制合作、阻碍中国发展。三是中美、中欧在政治制度、文明形态方面存在根本差别与长期冲突。四是美国对中国发动贸易战、美欧对新疆棉花的禁令，直接影响中国纺织服装产业出口。

（2）发达经济体对发展中国家的拉拢政策和关税优惠。一是发展中国家受国际社会特殊照顾，在出口上享有特殊关税优惠。二是美、欧遏制中国崛起，特意拉拢东南亚等国家，扶持其产业发展，分流中国产业。

3. 环境矛盾突出

过去一段时间内，纺织行业中部分低产能、同质化的生产方式消耗了大量能源，也给环境造成了污染。当前国家对纺织行业污染物减排的标准要求在不断提升，而企业的现实适应能力在短期内却难以完全达到。印染是纺织产业链上的重要中间环节，也是环保问题最为突出的环节，升级发展如果受限将会形成产业链瓶颈，制约纺织全行业的平稳、健康发展。党的"十八大"以来，我国把绿色发展上升为新发展理念之一，践行两山理论，生态环保已成为衡量全社会经济发展的主要标尺。在长江大保护、太湖流域生态保护等战略举措和碳达峰、碳中和目标下，各地严控排污许可，印染企业牌照成为稀缺资源。在环保政策驱动下，印染企业正在加快推进节能降耗措施。

（四）机遇

1. 我国经济走上高质量发展道路

党的"十九大"报告指出我国社会主要矛盾已经转化为人民日益增长的美好生活需要和不平衡不充分的发展之间的矛盾，中国经济已由高速增长阶段转向高质量发展阶段，产业发展既要看"量"的扩张，更要看"质"的提升。当前，我国处于"两个一百年"奋斗目标历史交汇期，开启了全面建设社会主义现代化国家新征程，正昂首阔步行进在实现中华民族伟大复兴的道路上。我国高质量发展取得新成效，实现了"十四五"良好开局，国家战略科技力量加快壮大，产业链韧性得到提升，改革开放向纵深推进，民生保障有力有效，生态文明建设持续推进，为高质量发展打下了坚实基础。

2. 行业科技水平快速提升

我国时尚产业经过多年积累，行业科技水平已经大幅提升，具有自主创新、引领创新的基础条件。首先，在纺织服装产业的原材料领域，纤维制造成为科技创新高地，各类新型纤维、功能性纤维不断推广应用，为行业的创新发展提供了更多条

件与机会。其次，我国两化融合取得长足进步，数字化技术全面融入产业链上各个环节，对推动智能生产、智能管理、智能营销奠定了坚实的发展基础。最后，行业的科技生态更加完善，各类创新实验室、研发机构、科技成果转化中心的建立，为行业发展迈向更高科技水平创造了良好条件。

3. 行业整合力量不断增强

随着纺织产业的市场化进程进一步加快，市场在资源配置中的基础性作用越来越明显，对改善企业组织结构和产业布局产生积极效果，整体上形成了向大企业集中、向产业集群集中的格局。在产业集群内，产业协作、嵌套发展更加深入，产业聚集的效果更加明显，众多的产业链服务平台成为集群企业互相关联合作的纽带。地方政府、行业协会通过建设产业园区、打造区域品牌，不断推进产业聚集质量提高。随着产业链、供应链的一体式发展，以客户需求为中心，产业形成了全服务链和全程化服务的企业，精细化生产、柔性制造正在加快改变行业生产方式。

四、我国时尚产业聚集升级的对策建议

综合来看，目前我国时尚产业（以纺织服装产业为代表）存在四组基本矛盾（表10-2），即东西部发展不均衡的矛盾、低端产能过剩与中高端产能发展不足的矛盾、生产制造能力强而研发设计能力不足的矛盾、产业低端部分对社会资源的需求与国家整体经济水平不协调的矛盾。这些矛盾，有的需要在持续的发展中，通过实施"三品"战略提升发展水平解决；有的需要调整产业结构，以及引导产业适当向中西部地区转移解决；有的需要在国际市场上进行资源配置，加大国际产业合作解决。

表10-2 我国纺织服装产业发展基本矛盾分析

矛盾	解决方式	影响
东西部发展不均衡的矛盾	东部地区产业部分外迁	中西部地区产业承接，部分产业向国外转移
低端产能过剩与中高端产能发展不足的矛盾	发展高端产业，减少和淘汰低端产业	低端产业减少与向国外转移
生产制造能力强而研发设计能力不足的矛盾	调整产业环节，提升产业价值链水平	部分生产制造产能向外扩张、转移
产业低端部分对社会资源的需求与国家整体经济水平不协调的矛盾	提升产业盈利水平，淘汰低端产业部分	加强国际产业分工合作，产业低端部分向外转移

当前我国纺织产业出现向东南亚、南亚等一些地区转移的现象，从内部原因来

说，其根本就在于国内产业矛盾在发挥作用。比如，当前我国纺织企业对外转移的产能，以中低端为主，集中在成衣加工的后道环节，即主要与我国中低端产能过剩，产业过度集中于东部地区需要适当疏散，以及产业低端部分对社会资源的需求与国家整体经济水平不协调的矛盾有关。未来，产业转移的态势如何，将很大程度上取决于国内矛盾的解决情况（表10-2）。

（一）建设现代化产业体系

现代化产业体系是现代化国家的物质技术基础，是建成社会主义现代化国家的重要标志和关键支撑。我国时尚产业必须根据社会生产力的现实水平和人民的现实需要设置目标，始终保持完整性，在多元化、多层次的发展中实现规模经济和范围经济的统一。

（1）要坚持以实体经济为重，防止脱实向虚，依托完整的产业链条和扩散应用生态有效应对市场变化和风险挑战。要强化制造的基础地位，在补短板、锻长板中保持产业生态稳定。要以制造业、服务业融合为抓手，在制造与设计、金融、数字服务的耦合共生中形成新业态、新优势。

（2）时尚产业凝结着技术之新，承载着文化之美，是满足物质和文化多层级、多元化消费需求的重要载体，要坚持需求导向，推动技术创新、设计创新相融合，推动行业与内容产业、文娱产业、旅游产业相协同，加快构建推动物质与文化共进的产业体系。

（3）要切实提升产业链、供应链韧性和安全水平，打造自主可控、安全可靠、竞争力强的现代化产业体系。在开放合作、科技创新中实现产业安全。

（4）要提高全要素生产率，把握人工智能等新科技革命浪潮，适应人与自然和谐共生的要求，以创新驱动要素升级、结构优化，形成高效能、高品质、高责任、低成本的投入产出关系，在"质"的大幅提升中实现"量"的合理增长。

（二）优化区域布局

（1）要继续推进我国时尚产业东西布局平衡。我国时尚产业主要布局在东部沿海地区。以纺织服装产业为例，其产业体量高度集中在东部沿海地区，占比达到80%以上；其中江苏、浙江、广东、福建、山东等5个产业大省的占比达到70%以上。广大中西部地区产业集群发育和发展不足。在产业聚集升级发展过程中，要加强顶层设计、总体规划，全国一盘棋，强化集群的总体布局，加强供应链管理，优化全国的纺织产能布局，达到优化区域产业结构、提升产业能级、增强区域产业竞争力的目的。

（2）要促进集群间的互补合作，实现产业链上纵向、横向相关集群间的联动发展。通过健全市场机制、合作机制、互助机制、扶持机制，继续发挥珠江三角洲、长江三角洲、环渤海地区对内地产业发展的带动和辐射作用，加强对中西部地区集群的支持，形成东中西相互促进、优势互补、共同发展的新格局。打破行政区划的局限，促进生产要素在集群间自由流动，开展多种形式的经济协作和技术、人才合作，创建各类产业联盟。积极响应国家区域发展的重大战略规划，如促进长江经济带建设、京津冀协同发展等，用好相关的政策和优势，及时促进产业集群的联动发展。

（三）充分发挥国内国外双循环市场

（1）要充分应用我国广大的国内市场，在产业链上积极谋求联动发展。产业链上的相关企业要联合起来，形成包括原料供应企业、配套企业、业务外包企业、物流运输企业、商品流通企业、相关合作单位等的全供应链式产业联盟，通过创建品牌、整合资源，组织管理好整条供应链，实现稳定、高效发展的目的。企业间要向合作研发、联合设计、市场营销、品牌培育等高端环节延伸，在合作中提升企业自主发展能力与核心竞争力。要建设和发挥好专业市场的功能，凭借强大的招商运营管理团队，依托发达的交通路网，以现代化仓储物流为基础，以展示博览为先导，形成一个以集中供应、批量采购、信息交换、展示体验、贸易商洽、电子商务和现代物流为一体的智慧化商贸流通服务基地，以此承载集群地区之间产业的对接、交流功能。

（2）我国经济由大到强的过程中，经济全球化发展是一个重要的契机，也是我国经济更好发展的广阔舞台。当前世界经济进入深度调整期，国际经济合作和竞争格局发生深刻变化，时尚产业的对外开放，要树立全球化的战略思维，准确把握国际产业发展新趋势，培育和强化新的竞争优势，在开放合作中提升产业的创新能力和全球竞争力。我国时尚产业要继续坚持开放发展的理念，在更高层次、更大范围、更宽领域、更高标准上参与全球的产业竞争与合作，通过全球资源利用、业务流程再造、产业链整合、资本市场运作等方式，在世界范围内寻求要素的最佳组合和资源的最优利用，整合和集成世界性的创新资源，推动产业国际合作由加工制造环节为主，向合作研发、联合设计、市场营销、品牌培育等高端环节延伸，在合作中提升产业自主发展能力与核心竞争力，向打造世界级产业集群不断迈进。

（四）全面推进高质量发展

我国纺织服装产业当前处于优化升级，迈向全球产业价值链中高端位置的历史时期。全国纺织服装企业首先要定位高质量发展，通过推动科技进步，提升研发设计水平，走"三品战略"增品种、提品质、创品牌的路线，实现科技、时尚、绿色发展，全面提高单位产品价值和企业利润水平。在此基础上，才能在更加广阔深入的国际竞争合作环境中，取得立足之地。集群企业均应把提升自身发展水平作为优化产能布局的第一步和关键一步。

（郑治民　中国纺织服装教育学会）

参考文献

［1］中国纺织工业联合会. 2022—2023中国纺织工业发展报告［M］. 2023.

［2］中国纺织工业联合会. 纺织行业"十四五"发展纲要［R］. 2021.

［3］中国纺织工业联合会. 建设纺织现代化产业体系行动纲要（2022—2035年）［R］. 2023.

［4］中国纺织工业联合会. 夏令敏：推进产业集群数字化转型，建设纺织现代化产业体系［EB/OL］. 中国纺织经济信息网，2023-9-22.

［5］夏令敏. 守正创新，勇毅前行，建设现代化纺织产业集群［J］. 纺织服装周刊，2022（47）：12-13.

［6］金凡. 园区数字化转型的实践分析［J］. 电子技术，2021，50（7）：99-101.

［7］谢芳，杨俊逸. 智慧园区还需提高"智慧"［J］. 中国信息界，2021（4）：73-75.

［8］中国纺织工业联合会. 纺织行业"十四五"科技、时尚、绿色发展指导意见［R］. 2021.

［9］车璐，等. 绿色制造体系建设推进工业领域碳达峰的思考［J］. 中资研究，2021-07-27.

［10］周亚敏. 以碳达峰与碳中和目标促我国产业链转型升级［J］. 中国发展观察，2021（Z1）：56-58.